JN103082

総合的な学習／探究の時間の実践研究

吉田卓司・長谷川精一・奥野浩之《編》

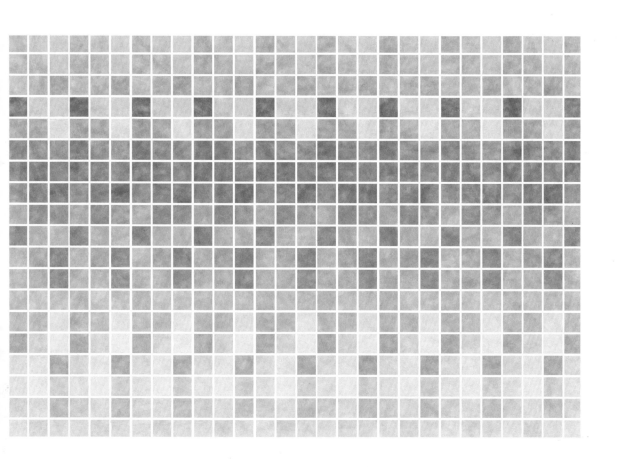

渓水社

まえがき

　子どもたちが、様々な知識や経験を多様な観点から理解し、論理的・科学的に考え、主体的・創造的に問題を解決する力を育み、価値観を異にする他者とともに共生・協働できる自律した大人へと成長していくことは明るい未来社会への大切な基盤である。学校教育は、その基盤形成にとって重要な役割と期待を担っている。

　2000 年から導入された「総合的な学習の時間」は、一定の制度的変遷をたどりながら、全校の教職員が教科横断的に、あるいは地域の人々や組織・団体と連携して、「生きる力」や「豊かな心」を育てることを目指して取り組まれてきた。しかしながら、その目標達成の方法論は体系的に確立しているとは言い難く、児童生徒の視点からも、教科学習に比べてその成果を明確に自認できる状況には必ずしもない。

　本書は、そのような混沌とした状況であればこそ、これを実践してきた教師やこのテーマに関心を寄せてきた研究者たちが、今後の「総合的な学習／探究の時間」の企画、実践、評価の在り方について検討し、その材料と到達点を提示するために刊行したものである。そもそも、「総合的な学習／探究の時間」※が目指す学習成果は、中・高の 3 年間や小学校の 6 年間といった在学期間や、まして 1 学年の年度内で短期的に評価しうるものではないかもしれない。このように考えると、これまでの「総合的な学習の時間」の試みも、20年を経てなおゴールは遠く、その目標に向けた道半ばにあるといえよう。

　読者である教職員や教職課程履修者など「総合的な学習／探究の時間」に関心を寄せられている方々が、本書を一つのステップとして、子どもたちの未来にとって有為な「総合的な学習／探究の時間」を創りあげていっていただくことを心より願っている。

編　者　吉田　卓司

長谷川精一

奥野　浩之

※書名とも関係するが、本書では、学習指導要領の改定により高校のみ「総合的な探究の時間」と名称変更があったことから、小・中・高を総括して述べる場合に「総合的な学習／探究の時間」と記すこととした。ただし、改定前に関して論じる場合は、高校についても「総合的な学習の時間」と記している。また、小・中学校については、改定前と同様に「総合的な学習の時間」と記す。

目　　次

総合的な学習／探究の時間の実践研究

第一部　理論編

第1章
「総合的な学習／探究の時間」とは何か

長谷川精一・奥村　旅人

第1節　「総合的な学習／探究の時間」の特徴

⑴ 「総合的な学習／探究の時間」とは

　本書の冒頭にあたって、本章においては、「総合的な学習／探究の時間」とは何かについて考える。第2章で検討されるように、教育課程は様々な変遷をたどってきたが、現行の学習指導要領によると、「総合的な学習／探究の時間」は、「探究的な見方・考え方を働かせ、横断的・総合的な学習を行うことを通して、よりよく課題を解決し、自己の生き方を考えていくための資質・能力」を育成することを目指すものとされている。なお、後述するように、小学校、中学校では「総合的な学習の時間」、高等学校では「総合的な探究の時間」という名称を用いる。

　本章の第4節で示すように、「総合的な学習／探究の時間」においては、「国際理解、情報、環境、福祉・健康などの現代的な諸課題に対応する横断的・総合的な課題」、「地域や学校の特色に応じた課題」、「生徒の興味・関心に基づく課題」、「職業や自己の進路に関する課題」という4種の課題が設定され、これらの課題に取り組むこととされている。

　これらの課題には、いわゆる「正解」や「唯一解」は存在しない。「総合的な学習／探究の時間」においては、児童生徒たちは自らの探究的な活動によって、「最適解」を考え出さなければならない。「総合的な学習／探究の時間」において追及される知識とは、いわゆる「真理」ではなく、課題を解決するための「最適解」であり、「総合的な学習／探究の時間」における学習とは、「真理」の理解や習得ではなく、「最適解」を考え出すための探究的な活動であり、「総合的な学習／探究の時間」において育成しようとする「学力」とは、「真理」を理解し習得する能力ではなく、「最適解」を見出す探究的な活動に取り組む資質・能力である。

⑵ 「主体的な学び」

　総合的な学習の時間においては、「主体的・対話的で深い学び」の視点による授業の改善が重視される。「主体的な学び」と「対話的な学び」と「深い学び」という3つの視点は、

児童生徒の学びとしては一体として実現されるものであって、それぞれ相互に影響し合うものである。

　まず、「主体的な学び」とは、学習に積極的に取り組んだ後に、自らの学びの成果や過程を振り返ることによって、次の学びに主体的に取り組む態度を育むような学びである。課題への取り組みが「主体的な学び」となるためには、他者からの「正解」を与えられるのではなく、自ら「最適解」を考え出していく過程において、その課題を解決することが社会的必然性をもち、その課題に自分たちが取り組むことに社会的価値があり、その課題に取り組むことが自分自身の成長につながるということが実感されていなければならない。

　これらの実感があれば、課題に取り組む「探究」的な活動に対する動機づけが高まり、その課題が自分にとって「意味のある」課題であることが理解されていく。課題への取り組みに対して、実社会の人々から反応があれば、実社会に存在する「ひと」、「もの」、「ことがら」と自分がつながっていることが実感され、その実感は、社会というものは互恵的な相互作用によって成り立っているということに対する自覚へとつながる。

　教員は、児童生徒の興味・関心を高める環境や教材を準備し、課題への取り組みによる実社会に存在する「ひと」、「もの」、「ことがら」との密度の高い交わりを通じて、互恵的な相互作用を行う「主体」となり得るという自信を児童生徒がもつことができるように導いていくという役割をもつ。

(3)　「対話的な学び」

　「対話的な学び」とは、他者と共同での行動や外界との相互作用を通じて、自らの考えを拡げ深めるような学びのことである。多様な他者と対話するためには、他者に自分の考えを説明しなければならないが、その際に、情報としての知識や技能を構造化して理解する力が身につく。また、他者との対話は、多様な情報の収集を可能にする。そして、他者とともに新たな知を創造する場を構築し、課題解決に向けて行動する可能性を拡げる。

　「対話的な学び」においては、グループとして結果を出すことが目的ではなく、その過程を通じて、ひとりひとりがどのような資質・能力を身につけるかということが重要であり、グループとして考えるだけでなく、ひとりひとりが学習の見通しをもったり、振り返ったりすることが求められる。したがって、「対話的な学び」としては、学校内において他の児童生徒と活動を共にするということの他にも、一人でじっくりと自分と向き合い、自己内対話を行うことや、様々な書物を読んで、いろいろとな筆者の多様な考えと向き合い、対話することが含まれる。また、離れた場所を情報機器などでつないで、空間的には離れた他者と対話することなど、様々な「対話的な学び」が可能である。

「対話的な学び」は他者と「協働」することを通じて学ぶことと考えられるが、他者との「協働」は、自分の当初の考えをより豊かなものへと発展させることを可能とし、また、多様な個性的な能力が「協働」することにより、個別、単独での取り組みよりも、より多面的に「最適解」に近づいていく可能性をもっている。教員には、複数の「個」が互いを活かし合い、認め合う互恵的な相互作用が、学びを拡げ、さらに深いものにすることを、児童生徒たちが自覚するように促す役割がある。

⑷ 「深い学び」

総合的な学習の時間における探求的な学びの過程では、具体的な文脈の中で、実社会に存在する「ひと」、「もの」、「ことがら」との相互作用の中で学習活動が行われることを通じて、各教科で身につけた「知識及び技能」が関連づけられて概念化し、「思考力、判断力、表現力等」は活用場面と結び付いて汎用的なものとなり、多様な文脈で使えるものとなることが期待できる。

このような学習においては、自分自身に関わりのある興味をもてる課題を自分の課題として設定し、達成したい目標を明確にして、「最適解」を見出すための計画を立て、実行する。それは必然性と文脈性のある学びであり、それは、課題に挑戦しながら成長していく自分というアイデンティティの形成に寄与する。そのような学びは、さらに自己の考えを拡げ深めていこうという安定的で持続的な意志をもたらすような「深い学び」となる。

第2節　「総合的な学習／探究の時間」での学びと他の各教科・科目での学び

従来、小学校、中学校、高等学校の教育課程においては「総合的な学習の時間」という名称を用いていたが、2018年の学習指導要領改訂により、高等学校においては「総合的な探究の時間」という名称を用いることとなった。それは、「総合的な学習の時間」と「総合的な探究の時間」とでは、児童生徒の発達の段階において求められる探究の姿が異なっており、課題と自分自身との関係という点でみると、「総合的な学習の時間」は、課題を解決することで自己の生き方を考えていく学びであるのに対して、「総合的な探究の時間」は、自己の在り方生き方と一体的で不可分な課題を自ら発見し、自己のキャリア形成の方向性と関連づけながら解決していくような学びを展開していく、という違いがあるからである。

そして、「総合的な探究の時間」については、他の教科・科目において行われる探求との違いを踏まえる必要があるが、この点は、考え方の方向性としては、以下に示すように、「総合的な学習の時間」にも共通する点と考えられる。

「総合的な学習の時間」及び「総合的な探究の時間」での学びは、以下の点で、他の教科・科目において行われる学びとは異なっている。

まず、「総合的な学習の時間」及び「総合的な探究の時間」においては、学習の対象は、特定の教科・科目に関する特定の事象に留まらず、横断的・総合的であり、実社会や実生活における複雑な文脈の中に存在する事象を対象としているという点である。

次いで、「総合的な学習の時間」及び「総合的な探究の時間」においては、複数の教科・科目等における見方・考え方を総合的・統合的に働かせて探究するという点である。他の教科・科目での学びは、それぞれの領域に関する理解をより深めることを目的に行われているのに対して、「総合的な学習の時間」及び「総合的な探究の時間」での学びは、実社会や実生活における複雑な文脈の中に存在する問題を様々な角度から俯瞰してとらえ、考えていくことを目的としているという点である。

さらに、「総合的な学習の時間」及び「総合的な探究の時間」での学習活動は、解決の道筋がすぐには明らかにならない課題や、唯一の正解が存在しない課題に対して、「最適解」や「納得解」を見いだすことを重視しているという点である。

「総合的な学習の時間」及び「総合的な探究の時間」での学びと、他の各教科・科目での学びとのこのような違いは、教育課程の歴史において従来、「経験主義」と「系統主義」との対立と言われてきた考え方の相違にも密接に関わるものであるが[1]、重要なことは、「経験主義」か「系統主義」かという二元論ではなく、実社会や実生活における課題を探究する「総合的な学習／探究の時間」での学びと、他の各教科・科目の中で行われる学びとの両方が、教育課程の全体の中でしっかりと位置づけられ、両者の相互作用によって、両者のそれぞれが充実していくことによってこそ、豊かな学びがもたらされるということである。

第3節 「総合的な学習／探究の時間」の目標

⑴ 「第1の目標」

「総合的な学習／探究の時間」の目標としては、2つの種類が考えられる。学習指導要領に「第1目標」として示され、学習指導要領解説において「第1の目標」と呼ばれるものと、それぞれの学校が設定する「各学校で定める目標」とである。「第1の目標」に関して、小学校、中学校の「学習指導要領」は、次のように記している。

　　第1目標
　　　探究的な見方・考え方を働かせ、横断的・総合的な学習を行うことを通して、より

よく課題を解決し、自己の生き方を考えていくための資質・能力を次のとおり育成することを目指す。

(1) 探究的な学習の過程において、課題の解決に必要な知識及び技能を身に付け、課題に関わる概念を形成し、探究的な学習のよさを理解するようにする。

(2) 実社会や実生活の中から問いを見いだし、自分で課題を立て、情報を集め、整理・分析して、まとめ・表現することができるようにする。

(3) 探究的な学習に主体的・協働的に取り組むとともに、互いのよさを生かしながら、積極的に社会に参画しようとする態度を養う。

　高等学校の「学習指導要領」では、主文に「自己の在り方生き方を考えながら」という文言が加えられ、(2)の「実社会や実生活の中から」の部分が「実社会や実生活と自己との関わりから」とされ、(3)の「積極的に社会に参画しようとする態度」の部分が「新たな価値を創造し、より良い社会を実現しようとする態度」とされている。

　「学習指導要領解説」では、「第1の目標」について、2つの要素を示している。1つは、主文に見られる「横断的な学習を行うこと」を通して、課題を解決し自己の生き方を考えていくための資質・能力を育成するという、総合的な学習／探究の時間の特質を踏まえた学習過程のあり方である。

　もう1つは、「主文」の後に(1)、(2)、(3)として示されている、総合的な学習／探究の時間を通して育成することを目指す資質・能力である。この資質・能力は、「知識及び技能」「思考力、判断力、表現力等」「学びに向かう力、人間性等」という3つの柱から成り立っている。

　「学習指導要領」の「第1の目標」の主文は、①「探究的な見方・考え方を働かせる」、②「横断的・総合的な学習を行う」、③「よりよく課題を解決する」、④「自己の生き方を考えていく」の4つの部分から成り立っている。それぞれについて見ていこう。

①「**探究的な見方・考え方を働かせる**」

　これは、「探究的な学習の過程」を総合的な学習／探究の時間の本質ととらえ、中心に据えることを意味している。「学習指導要領解説」によると、「探究的な学習の過程」においては、児童生徒は、(1)日常生活や社会に目を向けたときに湧き上がってくる疑問や関心に基づいて、自ら課題を見つけ、(2)そこにある具体的な問題について情報を収集し、(3)その情報を整理・分析したり、知識や技能に結び付けたり、考えを出し合ったりしながら問題の解決に取り組み、(4)明らかになった考えや意見などをまとめ・表現し、そこからまた新たな課題を見付け、更なる問題の解決を始めるといった学習活動を発展的に繰り返していく、という。

この「探究的な学習の過程」を支えるのが、「探究的な見方・考え方」である。「探究的な見方・考え方」には、2つの要素が含まれる。1つは、各教科における見方・考え方を働かせるということである。もう1つは、総合的な学習／探究の時間に固有な見方・考え方、すなわち、広範な事象を、多様な角度から俯瞰する視点を働かせるということである。

②「横断的・総合的な学習を行う」

これは、総合的な学習／探究の時間における対象や領域が、特定の教科にとどまらず、教科横断的・また総合的でなければならないということである。

③「よりよく課題を解決する」

これは、解決の道筋がすぐには明らかにならない課題や、唯一の正解が存在しない課題などについても、自らの知識や技能などを総合的に働かせて、目前の具体的な課題に粘り強く対処し、解決しようとすることを目指すということである。

④「自己の生き方を考えていく」

この文言は、3つの要素から成り立っている。1つ目は、人や社会、自然との関わりにおいて、自らの生活や行動について考えていくことである。2つ目は、自分にとっての学ぶことの意味や価値を考えていくことである。3つ目は、それら2つを活かしながら、学んだことを現在および将来の自分の生き方につなげて考えることである。

⑵ 「総合的な学習／探究の時間」で育成することを目指す資質・能力

「総合的な学習／探究の時間」で育成することが目指されている資質・能力は、⑴知識及び技能（探究的な学習の過程において、課題の解決に必要な知識及び技能を身に付け、課題に関わる概念を形成し、探究的な学習のよさを理解するようにする）、⑵思考力、判断力、表現力等（実社会や実生活の中から問いを見いだし、自分で課題を立て、情報を集め、整理・分析して、まとめ・表現することができるようにする）、⑶学びに向かう力、人間性等（探究的な学習に主体的・協働的に取り組むとともに、互いのよさを生かしながら、積極的に社会に参画しようとする態度を養う）の3点に集約されている。

⑴は、総合的な学習／探究の時間における「知識・技能」を示している。探究の過程を通して児童生徒が得る知識や技能は、教科書や資料集などのなかに整然と整理されているものではなく、取捨選択し、整理し、既に持っている知識や体験と結び付けながら身に付けていくようなものである。こうして獲得される知識・技能は、実社会・実生活における様々な課題の解決に活用可能な生きて働く知識となる。

⑵に示されている「思考力、判断力、表現力等」は、身に付けた「知識及び技能」の中から課題の解決に必要なものを選択し、適用する能力を指している。すなわちそれは、課題に必要な情報を収集し、収集した情報を整理し、自分が持っている「知識・技能」と合

わせて分析し、そのうえで自分の意見や考えをまとめ、表現する能力である。

　このような資質・能力は、方法を教えられてそれを覚えるだけでは育まれないものであるとされる。実社会や実生活の課題についての探究のプロセス（①課題の設定→②情報の収集→③整理・分析→④まとめ・表現）を通して、児童生徒が実際に考え、判断し、表現することを通して身に付けていくものである。

　(3)に示されている「学びに向かう力、人間性等」は、児童生徒が身近な人々や社会、自然に興味・関心をもち、それらに主体的に・協働的に関わろうとする態度を持っていること、その中で生徒ら同士が互いの資質・能力を認め合い、相互に生かし合う関係を構築することを示している。

　「生徒が身近な人々や社会、自然に興味・関心をもち、それらに主体的に・協働的に関わろうとする態度を持っている」とは、具体的には、児童生徒が社会や自然の中に課題を見つけ、それに関する情報を集め、整理・分析し、それをどのように表現しようとするのかを考え、実際に社会と関わり行動していくような学びの姿を指している。しかし、そのような学びを一人で行うことは簡単ではない。そこで、他者と協働的に取り組み、異なる意見を活かして新たな知を創造しようとする態度が欠かせない。そうして主体的・協働的に探究的な学習を行う中で、互いの資質・能力を認め合い、相互に生かし合う関係が期待されている。

(3)　各学校で定める目標

　「各学校において定める目標及び内容」のうち、「第1目標」では、「各学校においては、第1の目標を踏まえ、各学校の総合的な学習／探究の時間の目標を定める」とされている。

　各学校は、「第1の目標」を踏まえつつ、独自の目標を設定することを求められる。各学校は、学校が存在する地域や、学校、児童の特性を踏まえたうえで、学校ごとに目標を設定することになる。これは、他の教科にはない、「総合的な学習／探究の時間」の特徴である。「第1の目標を踏まえ」とは、これまで見てきた主文と(1)〜(3)までの「育成すべき資質・能力の三つの柱」を踏まえることを示している。

　上記の目標を踏まえていれば、あとは各学校がその経験を活かして、目標を具体的に設定することが考えられる。各学校において独自に目標を設定することが求められていることについては、3つの理由が挙げられている。

　第1に、各学校が創意工夫を活かした探究的な学習や横断的・総合的な学習を実施することが期待されていることである。先にも述べたが、学校によって、地域・学校・児童の特性は異なるのであり、それぞれの特性を活かした学習活動を展開することが求められていると言える。

第2に、各学校における教育目標を踏まえ、育成を目指す資質・能力を明確に示すことが望まれていることである。学校はそれぞれに独自の教育目標を掲げているが、総合的な学習／探究の目標は、その目標に関連づけることが求められている。

　第3に、学校として教育課程全体のなかでの総合的な学習／探究の時間の位置づけや他教科等の目標及び内容との違いに留意しつつ、この時間で取り組むにふさわしい内容を定めることである。

第4節 「総合的な学習／探究の時間」の探究課題

　「各学校において定める目標及び内容」のうち、「第2内容」では、「各学校においては、第1の目標を踏まえ、各学校の総合的な学習／探究の時間の内容を定める」とされる。

　総合的な学習／探究の時間については、内容を決定する際に、「目標を実現するにふさわしい探究課題」と「探究課題の解決を通して育成を目指す具体的な資質・能力」の2つを定める必要があるとされ、「目標を実現するにふさわしい探究課題」とは、「目標の実現に向けて学校として設定した、生徒が探究的な学習に取り組む課題」のことを指している。「探究課題の解決を通して育成を目指す具体的な資質・能力」とは、各学校が定める目標に記されている資質・能力を、探究課題に即して具体的に示したものである。

　上述の「探究課題」として、「学習指導要領」には、具体的に3つの例が示されている。

　第1に、「国際理解、情報、環境、福祉・健康などの現代的な諸課題に対応する横断的・総合的な課題」である。これらの課題については、全ての人が自分のこととして考え、よりよい解決に向けて行動することが望まれている。また、これらの課題の解決には正解があるようなものではなく、従来の教科では適切に扱うことができない。そこで、このような課題を「総合的な学習／探究の時間」で取り上げることには意義があるとされる。

　第2に、「地域や学校の特色に応じた課題」である。具体例として、「町づくり、伝統文化、地域経済、防災」が挙げられている。これらの課題は各地域や各学校に固有なものであり、このような課題の解決に向けて地域社会のなかで行動していくことが望まれている。

　第3に、「職業や自己の将来に関する課題」である。この課題について考えることは、生徒が自己の生き方を具体的、現実的なものとして考えることに繋がる。また、自己の将来を切り拓こうとする資質・能力の育成において重要であるとされる。

註
1) 奥野浩之「教育の方法を議論するために(1)——教育課程から」(『考えを深めるための教育原理』ミネルヴァ書房（2020）139頁）を参照されたい。

第2章
「総合的な学習／探究の時間」と教育課程

奥野　浩之

　本章では、「総合的な学習／探究の時間」について、教育課程上の位置付けの変遷と、カリキュラム・マネジメントに果たす役割を学習指導要領を基にして考察する。

第1節　教育課程上の位置付けの変遷

　1989 年の冷戦終結、1990 年の東西ドイツ統一、翌 1991 年のソ連崩壊に象徴されるように、1980 年代後半から東西の冷戦体制が崩れ、経済はグローバル化するようになる。その結果、技術革新と情報化が急速な勢いで進むこととなる。社会の変化が激しくなるなか、1989 年改訂の学習指導要領では、小学校低学年の社会科と理科が廃止され、合科的教科である「生活科」が新設された。1998 年に小・中学校、1999 年に高等学校で改訂された学習指導要領では、「総合的な学習の時間」が誕生した。

　1989 年改訂では、「新しい学力観」が打ち出され、知識・理解・技能の習得以上に、児童生徒の関心・意欲・態度を重視し、思考力・判断力・表現力に裏づけられた自己教育力が重視されるようになる。また、1998・99 年の改訂では、完全学校週 5 日制のもとで、各学校が「ゆとり」の中で特色ある教育を展開し、生徒の個性を生かし自ら学び自ら考える力などの「生きる力」を育成することを学校教育の方針とした。そこには、従来から問題視されていた知識偏重の古い学力への見方を刷新しようとする意図があった。「生きる力」は、「新しい学力観」をさらに発展させたものと言える。

　「生きる力」をはぐくむことを目指す教育課程へと改革する際の目玉として大きな期待を背負い創設された総合的な学習の時間は、「新しい学力観」の育成を意図して設立された生活科の経験の上に成立している。実際に、小学校 1・2 年生に生活科、小学校 3 年生以上で総合的な学習の時間が配当されており、両者の連続性が求められている。しかし、1977 年版以来の「ゆとり」路線を徹底した 1998・99 年改訂の学習指導要領は、「ゆとり教育」と呼ばれるようになり、「学力低下」の一因と捉えられるようになる。そのなかで、総合的な学習の時間は教育現場に多くの誤解や混乱を招き、少なくない学校で、補充学習のような専ら特定の教科の知識・技能の習得を図る教育が行われたり、運動会の準備などと混同された実践が行われたりした結果、当初の趣旨が達成されないばかりか、総合的な

学習の時間に対する批判が高まった。

　2008年の改訂では、小学校で6年間に278時間、中学校で3年間に105時間、授業時数が増加するにもかかわらず、総合的な学習の時間の授業時数は縮減している（表1-1・1-2）。小学校では総合的な学習の時間が唯一の縮減となっており、中学校でも選択教科が標準授業時数の枠外での開設となったことを除けば、唯一の縮減となっている。この時数減は、総合的な学習の時間に対する批判を反映した結果なのであろうか。これに対して、2008年の中央教育審議会答申は、「これまで総合的な学習の時間で行われることが期待されていた教科の知識・技能を活用する学習活動を各教科の中でも充実すること」としている。つまり、総合的な学習の時間では、「探究」を学習の基本とし、教科の時数増の多くの部分を、これまで総合的な学習の時間が担ってきた「活用」に充てることが期待された。これまで総合的な学習の時間にかかっていた負担を教育課程全体で担うことになったため、総合的な学習の時間が縮減されたのである。

　確かに、2008年改訂の背景には、2003年一部改訂から続く学力低下批判への対応という側面もあったと考えられる。しかし、総合的な学習の時間が教科の枠組みを超えた「領域」であるという意味において、教科と総合的な学習の時間の役割分担を明確にしたことは、教育現場の混乱を収めるうえで一定の評価に値すると思われる。2008年の改訂では、総合的な学習の時間を、教科等の枠を超えた横断的・総合的な学習とすることと同時に、探究的な学習や協働的な学習とすることが重要であることを明示した。特に、探究的な学習を実現するため、「課題の設定→情報の収集→整理・分析→まとめ・表現」の探究のプロセスを明示し、学習活動を発展的に繰り返していくことを重視した。

表 1-1　総合的な学習の時間の標準授業時数（小学校）

	1 年	2 年	3 年	4 年	5 年	6 年	計
2017 年版			70	70	70	70	280
2008 年版			70	70	70	70	280
1998 年版			105	105	110	110	430

表 1-2　総合的な学習の時間の標準授業時数（中学校）

	1 年	2 年	3 年	計
2017 年版	50	70	70	190
2008 年版	50	70	70	190
1998 年版	70 〜 100	70 〜 105	70 〜 130	210 〜 335

　いま、社会構造や雇用環境が大きく変化し、予測が困難な時代が到来している。学校教

育においてもこのような時代に対応するため、2017 年には小・中学校、2018 年には高等学校の学習指導要領が改訂された。高等学校の総合的な学習の時間については、2016 年の中央教育審議会答申において「高等学校においては、小・中学校における総合的な学習の時間の取組の成果を生かしつつ、より探究的な活動を重視する視点から、位置付けを明確化し直すことが必要と考えられる」とされたことを受け、「総合的な探究の時間」に変更された。横断的な学習や探究的な学習を重視する総合的な学習の時間は、急激に変化する現代社会においてますます欠かすことができない時間となっている。

　2017 年・2018 年改訂の新学習指導要領では、標準授業時数の変更はない（表 1-1・1-2）ものの、総合的な学習／探究の時間を通してどのような資質・能力を育成するのかということを明らかにするとともに、これまで以上に総合的な学習／探究の時間と各教科等の相互の関わりを意識しながら、学校全体で育てたい資質・能力に応じたカリキュラム・マネジメントが行われることが求められている。上記の点からみたとき、これまでの総合的な学習の時間においては、学校により差があることが指摘されている。また、探究のプロセスの中でも「整理・分析」、「まとめ・表現」に対する取組が十分ではないことも課題として取り上げられている。

　全国学力・学習状況調査の分析等において、総合的な学習の時間で探究のプロセスを意識した学習活動に取り組んでいる児童生徒ほど各教科の正答率が高い傾向にあることが明らかになった。一方、算数・数学及び理科の教育到達度を国際的な尺度によって測定するTIMSS の調査結果では、日本は上位を維持しているにもかかわらず、中学校において「授業が日常生活に役立つとは思わない」という意見の割合が諸外国より高い。総合的な学習の時間ならではの学習活動の特質を生かすことによって、これらの課題に応えていくことができるものと考えている。総合的な学習の時間において、各教科における見方・考え方を総合的に活用し、実社会・実生活の中にある複雑な問題状況の解決に取り組むことで、子どもたちは自らの学習に意味を見出し、各教科の授業が日常生活に役立つという実感を持つことができるのではないだろうか。

第 2 節　総合的な学習／探究の時間とカリキュラム・マネジメント

　ここでは、中学校学習指導要領を基にして総合的な学習の時間がカリキュラム・マネジメントに果たす役割について、考察してみたい。各学校において定める総合的な学習の時間の目標には、各学校が育てたいと願う生徒の姿や育成すべき資質・能力などを、各学校の創意工夫に基づき明確に示すことが期待されている。つまり、総合的な学習の時間は、学校教育目標との直接的な関係をもつ唯一の時間として位置づけられている。このため、

各学校の教育目標を教育課程で実現していくにあたって、総合的な学習の時間が各学校の教育目標を具体化し、総合的な学習の時間と各教科等の学習を関連付けることにより、総合的な学習の時間を中心としながら、教育課程全体において、各学校の教育目標のよりよい実現を目指していくことになる。

新学習指導要領では、「社会に開かれた教育課程」を理念として、各学校において教育課程を軸に学校教育の改善・充実の好循環を生み出す「カリキュラム・マネジメント」の実現を目指すことが求められている。カリキュラム・マネジメントにおいて、各教科等の教育内容を相互の関係で捉え、学校教育目標を踏まえた教科等横断的な視点で、その目標の達成に必要な教育の内容を組織的に配列していくことが必要とされる。つまり、総合的な学習の時間においては、各学校で具体的な目標及び内容を定めるとともに、教科等の枠を超えた横断的・総合的な学習が行われるようにしなければならない。

総合的な学習の時間では「探究的な見方・考え方」すなわち「各教科等における見方・考え方を総合的に活用して、広範な事象を多様な角度から俯瞰して捉え、実社会・実生活の課題を探究し、自己の生き方を問い続けること」を働かせ、横断的・総合的な学習を行う。解説の総合的な学習の時間編では「考えるための技法」が例示されているが、それらを活用する意義として「総合的な学習の時間が、各教科等を越えた全ての学習の基盤となる資質・能力を育成すると同時に、各教科等で学んだ資質・能力を実際の問題解決に活用したりするという特質を生かすという意義である」と解説されている。つまり、総合的な学習の時間は「考えるための技法」を用いて、各教科等を超えた全ての学習の基盤となる資質・能力を育むことと、各教科等で身につけた資質・能力を実際の問題解決に活用することが求められている。このように、各教科等の学習と総合的な学習の時間の学習が往還することからも、総合的な学習の時間は教科等横断的な教育課程の編成において中心的な役割を果たすのである。

ここで気をつけておかなければならないことは、総合的な学習の時間と近い関係に位置づいている特別活動との関係である。解説の総則編において、総合的な学習の時間に行われる自然体験活動と職場体験活動・ボランティア活動は、それぞれ特別活動の旅行・集団宿泊的行事と勤労生産・奉仕的行事と同様の成果が期待できるため、特別活動として改めてこれらの体験活動を行わなくてもよいことが示されている。また、特別活動において体験活動を実施したことをもって総合的な学習の時間の代替を認めるものではないということや、運動会のような特別活動の健康安全・体育的行事の準備などを総合的な学習の時間に行うことは総合的な学習の時間の趣旨になじまないということも示されている。カリキュラム・マネジメントにおいて、総合的な学習の時間と特別活動それぞれの趣旨をよく理解して、学校や地域の実態も生かしながら、双方の関係性に十分留意した教育課程の編

成が重要である。

　ここまで中学校の総合的な学習の時間について考察してきたが、小学校の総合的な学習の時間と高等学校の総合的な探究の時間も、特別活動との関係に留意したうえで、教科等横断的な教育課程の編成において中心的な役割を担うことが期待されている。

　さらに、カリキュラム・マネジメントの観点から総合的な学習／探究の時間を充実させていくためには、学年間はいうまでもなく、小・中学校の総合的な学習の時間や高等学校の総合的な探究の時間との接続を視野に入れ、連続的かつ発展的な学習活動が行えるよう目標を設定することも重要である。2016 年の中央教育審議会答申において、「地域の活性化につながるような事例が生まれている一方で、本来の趣旨を実現できていない学校もあり、小・中学校の取組の成果の上に高等学校にふさわしい実践が十分展開されているとは言えない状況にある」と指摘されているように、小・中学校の総合的な学習の時間と高等学校の総合的な探究の時間における位置付けを明確にしたうえで、連続的かつ発展的な学習にしていくことが求められている。

第3章
「総合的な学習／探究の時間」の実践上の留意点
──計画・実施・評価──

吉田　卓司

　本章では、「総合的な学習の時間」をどのように計画し、実践して、評価を行うかについて、各教科の教育実践との違いに焦点を当てながら、留意点とその具体例を提示する。

第1節　「総合的な学習の時間」の計画

　学校教育における「計画」として、学校全体に関する「全体計画」、学年ごとの「年間指導計画」、また学習テーマや教材に応じた「単元計画」があり、さらに個々の授業や教育活動の「指導計画」（指導案）が作成される。

　小学校は6年間、中学・高校は3年間を見通した、総合的な学習の時間の「全体計画」を策定し、各学年の「年間指導計画」や「単元計画」が準備される。この全体計画及び年間指導計画に盛り込むべき内容は、小学校では、「目標及び内容、育てようとする資質や能力及び態度、学習活動、指導方法や指導体制、学習の評価の計画などを示すこと」と、学習指導要領（第5章の第3の1の(1)）に明示されているが、教科教育に比して、その裁量は極めて大きく、教師集団の教育的力量が問われる場面と言ってよい。

　ここでは、年間指導計画を中心に、その作成・運用上の留意点に触れておきたい。学習指導要領解説に準拠して、年間指導計画の作成・実施における配慮事項をまとめると、以下の4項目となる。

(1)　**生徒の学習経験に配慮する**……当該学年までの生徒の学習経験や成果を生かしながら年間指導計画を立てる必要がある。

(2)　**季節や行事など適切な活動時期を生かす**……例えば、伝統行事に関わる地域の人々に話を聞いたり、準備に関わって、行事の背景や地域の人の思いや願いに直接触れたり、児童生徒が主体的に参加したりして、地域や行事と自分との関わりを知り、参加意欲や学習の質を高めることができる。また、世界環境デーや国際平和デーなど歴史的／国際的記念日をきっかけに、マスコミの報道から生徒の関心を呼び起こし、専門家の話を聞くなどの学習活動が考えられる。

(3) **各教科等との関連を明らかにする**……例えば、社会科の資料活用法を生かして情報を収集したり、数学科の統計手法でデータを整理したり、国語科で学習した文章の書き方を生かしてレポートを作成することなど各教科等で育成された資質・能力が総合的な学習の時間で発揮されたり、逆に総合的な学習の時間で育成された資質・能力が各教科等の学習活動で活用されたりと、全教育活動で得られた資質・能力が汎用的に活かされることが期待されている。

(4) **外部の教育資源の活用及び異校種との連携や交流を意識する**……保護者や地域の人、専門家などの多様な人々の協力、社会教育施設や社会教育団体など、様々な学校外の教育資源の活用は、この時間の学習活動を一層充実したものにする。その成否は、綿密な打合せにかかっており、そのための適切な時間や機会の確保は不可欠である。

　本書第二部に紹介された実践は、単元ごと、あるいは数時間単位の指導計画と実践例の紹介となっているが、それぞれの実践が、その全体計画や年間指導計画の段階から、これらの事項について十分な配慮がなされていることに注目しなくてはならない。

第2節　「総合的な学習の時間」の学習活動と指導法

　中学校の学習指導要領は、内容の取扱いについて、次の事項に配慮するものとしている（第4章の第3の2）。

(1) 第2の各学校において定める目標及び内容に基づき、生徒の学習状況に応じて教師が適切な指導を行うこと。

(2) 探究的な学習の過程においては、他者と協働して課題を解決しようとする学習活動や、言語により分析し、まとめたり表現したりするなどの学習活動が行われるようにすること。その際、例えば、比較する、分類する、関連付けるなどの考えるための技法が活用されるようにすること。

(3) 探究的な学習の過程においては、コンピュータや情報通信ネットワークなどを適切かつ効果的に活用して、情報を収集・整理・発信するなどの学習活動が行われるよう工夫すること。その際、情報や情報手段を主体的に選択し活用できるよう配慮すること。

(4) 自然体験や職場体験活動、ボランティア活動などの社会体験、ものづくり、生産活動などの体験活動、観察・実験、見学や調査、発表や討論などの学習活動を積極的に取り入れること。

(5) 体験活動については、第1の目標並びに第2の各学校において定める目標及び内容を踏まえ、探究的な学習の過程に適切に位置付けること。

(6) グループ学習や異年齢集団による学習などの多様な学習形態、地域の人々の協力も得つつ、全教師が一体となって指導に当たるなどの指導体制について工夫を行うこと。

(7) 学校図書館の活用、他の学校との連携、公民館、図書館、博物館等の社会教育施設や社会教育関係団体等の各種団体との連携、地域の教材や学習環境の積極的な活用などの工夫を行うこと。

(8) 職業や自己の将来に関する学習を行う際には、探究的な学習に取り組むことを通して、自己を理解し、将来の生き方を考えるなどの学習活動が行われるようにすること。

　これらの事項を本書第二部の実践事例に照らし合わせると、10章の藍野高校の実践で用いられた「論証モデル」のワークシートは、(2)の「考えるための技法」を学ぶツールの一例である。その他にも、マインドマップ（mind map）[1]の作成と活用、KJ法[2]を用いたグループワーク、ブレインストーミング（brainstorming）[3]を取り入れた集団討議など、様々な技法が各教科の指導や総合的な学習の時間において活用可能であろう。

　5章の大冠小学校での国際理解教育は、(5)の外国文化の「体験活動」であり、6章の桃山小学校の情報教育は、まさに(3)の「コンピュータや情報通信ネットワークの適切かつ効果的活用」のモデルケースといえよう。また、7章の桃山中学校の環境教育も、(4)・(5)の「体験活動」と(6)の「多様な学習形態」を効果的に用いた実践である。さらに、8章の下京中学校における京都ならではの伝統文化の学習、12章の尼崎小田高校の震災の被災経験に基づく防災教育は、(7)の「地域の教材や学習環境の積極的な活用」に他ならない。

　9章のキャリア教育や11章の福祉に関わる人権教育も、学校外の社会資源を生かし、多様な学習形態を取り入れつつ、「生徒の関心や疑問を生かした」授業であり、それらをはじめとして、いずれの実践においても、(1)の児童生徒の「学習状況に応じた教師の適切な指導」の賜物といってよい。

　本書第二部の実践例のように、新しい学習指導要領の目指すべきものは、すでにそれぞれの地域や様々な校種の先進的事例のなかに見い出すことができる。その意味では、すでに様々実践を経験した現職教員は、その実践経験を振り返りつつ、他校の実践に学ぶことが進歩の道であり、これから教職を目指す人にとっては、これまでの優れた先人の実践に学びつつ、新たな時代に即応した新規性のある実践にチャレンジする精神が求められているといえよう。

第3節　「総合的な学習の時間」の評価における留意点

　「評価」には、児童生徒の学習状況を評価する学習評価、授業目標の達成度を評価する

授業評価、そしてカリキュラム・マネジメントの状況を評価する教育課程の評価まで、３つの側面がある。

　各教科の評価と比べて、総合的な学習の時間に関する評価において特に留意すべき点は、その評価の対象である。中学校の学習指導要領では、育成を目指す具体的な資質・能力について、３つの配慮事項を明示している（第２の３の(6)）。

ア　知識及び技能については、他教科等及び総合的な学習の時間で習得する知識及び技能が相互に関連付けられ、社会の中で生きて働くものとして形成されるようにすること。

イ　思考力、判断力、表現力等については、課題の設定、情報の収集、整理・分析、まとめ・表現などの探究的な学習の過程において発揮され、未知の状況において活用できるものとして身に付けられるようにすること。

ウ　学びに向かう力、人間性等については、自分自身に関すること及び他者や社会との関わりに関することの両方の視点を踏まえること。

　そして、これに続く(7)項では、「目標を実現するにふさわしい探究課題及び探究課題の解決を通して育成を目指す具体的な資質・能力については、教科等を越えた全ての学習の基盤となる資質・能力が育まれ、活用されるものとなるよう配慮すること。」と記されている。

　すなわち、評価対象は総合的な学習の時間において育成された「資質・能力」であり、その目標がどの程度達成されたかが評価の規準とされねばならない。

　中学校学習指導要領の解説は、「内容の設定」に関して、総合的な学習の時間の内容を「生徒の興味・関心や必要感に関わりなく形式的に網羅し、要素的に一つ一つ学び取らせていくことにならないように十分配慮しなければならない」とした上で、「この時間の学習活動が、教師による一方的な体験や活動の押し付け、要素的な『知識及び技能』の習得のみに終始することのないようにしなければならない。」とし、さらに「この時間で取り上げられる個々の学習対象について何らかの知識を身に付けることや、課題を解決することそのものに主たる目的があるのではない。生徒が個々の学習対象に主体的に関わる中で生じる様々な気付きや認識の深まり、豊かな経験の広がりを通して、目標にある資質・能力が育成され、自己の生き方を考えることができるようにすることを目指している。」（p.83）と記している。このような観点は、各教科の教育課程が有する一定の共通性とは対照的で、総合的な学習の時間が有する指導観の特質である。そこに総合的な学習の時間の存在意義があるといってもよいであろう。

　しかしながら、前述のような知識・技能の相互関連付けから人間性に至るまで、児童生

徒の多岐にわたる資質・能力を一教師が評価することは、極めて難しい課題である。同解説は、その評価方法について「信頼される評価の方法であること、多面的な評価の方法であること、学習状況の過程を評価する方法であること、の三つが重要である」（p.122）と述べている。このような信頼性と多面性を確保し、個々の児童生徒の学習過程を評価するためには、教職員による全校的な評価体制づくりが不可欠であり、全教職員の協働のみならず学校内外の支援者や関係機関とのより緊密なコミュニケーションと連携がこれまで以上に求められているといえよう。

注
1）マインドマップは、T.Buzan によって考案された思考整理・発想促進の技法である。トニー・ブザン；バリー・ブザン、近田 美季子（訳）『新版ザ・マインドマップ』ダイヤモンド社（2013）
2）KJ 法は、川喜田二郎によって考案された情報の整理・統合の技法である。川喜田二郎『発想法』中公新書（1967）
3）ブレインストーミングは、A. F. Osborn によって考案された集団発想、集団思考の討議方式。アレックス・F.オスボーン、豊田 晃（訳）『創造力を生かす──アイディアを得る 38 の方法』創元社（2008）

第4章

「総合的な学習／探究の時間」
の課題と展望

沼田　潤

　「総合的な学習／探究の時間」が重視されるようになってきた背景を振り返ってみたい。人口知能の進化によって、我々の生活はさらに豊かになっていくものと期待される一方で、今後人工知能が人間の仕事を奪うのではないかと懸念されている。さらに、グローバル化の進展によって政治・経済や文化といった分野で、様々な文化的・言語的背景を有する人々との出会いが増し、共生に関する様々な課題が生じてくると考えられる。また、2020年に新型コロナウイルス感染症拡大の影響を大きく受けることとなり、経済や教育、医療といった様々な分野において解決しなければならない多くの課題が突きつけられることになった。

　このように急速に進む社会の変化や深刻な影響をもたらす社会的課題に向き合いながら、子どもたちはこれからの社会の担い手として生きていくことが求められる。そこで必要とされる力、例えば、多角的にものごとを捉える力や他者と共に協働しながら新しい価値を創造する力、主体的に社会の変化や課題に向き合いより良い社会のあり方を模索する力を、「総合的な学習／探究の時間」において育むことが期待されている。そのような重要な役割を担う「総合的な学習／探究の時間」において、より良い教育実践が行われるために、その課題に向き合う必要がある。そこで実現が重視される「主体的・対話的で深い学び」に焦点を当てながら、今後の「総合的な学習／探究の時間」の課題と展望を考えていくことが、本章の目的である。

第1節　「主体的・対話的で深い学び」から考える
「総合的な学習／探究の時間」の課題

⑴　「主体的な学び」における課題

　「総合的な学習／探究の時間」の学習指導要領解説において、児童生徒が主体的に取り組む学習活動を重視する必要があると記述されている。その「主体的な学び」の実現を考えていく上で、教育社会学者・苅谷剛彦らの研究グループが行った学力に関する研究に着目したい[1]。苅谷らの研究によると、恵まれた家庭環境で育った小学生・中学生ともに学

習意欲が高くより主体的に学ぼうとし、そのような環境にない児童生徒の学びに対する意欲との間に大きな差があるという。また、小学生・中学生ともに学力が低いほど、主体的に自分たちで調べ、発表するような授業を受けたくないと思っていることを明らかにしている。また、能力の社会的背景に関する議論を展開する宮島は、子どもが有する教養や知的好奇心への家族の影響を無視してはいけないと指摘している[2]。本の読み聞かせや博物館や美術館へのおでかけといった家族による非指示的・暗黙的な教育が子どもの学習意欲や学力に大きな影響を与えているというのである。

　「総合的な学習／探究の時間」において「主体的な学び」の視点を取り入れた学習活動を展開することが求められているが、その前に児童生徒の社会的背景に向き合う必要があるのではないか。苅谷らや宮島の研究に目を向けると、恵まれた環境で育った児童生徒は「総合的な学習／探究の時間」における学びに対して主体的に取り組めるであろう。しかしながら、家庭環境が影響して、「総合的な学習／探究の時間」において重視される主体的な学習活動に取り組むことが困難な児童生徒も存在することが考えられる。特に、公立学校で学ぶ児童生徒の社会的背景は極めて多様である。児童生徒の家庭環境の違いという社会的条件の差に目を向けず、「児童生徒は皆、主体的に学習に取り組む」という前提で学習活動を行えば、学習に参加できない児童生徒をうみだす学習環境が形成されてしまうことに注意しなければならない。

⑵　「対話的な学び」における課題

　「総合的な学習／探究の時間」において、探究的な学習の質を高めるために、「対話的な学び」を通して異なる考えを持った他者と対話し、協働して課題の解決に向かうことが重視されている。その「対話的な学び」の課題を考える手がかりとして、教育学者・広田照幸の意見に目を向けたい[3]。広田は、考えの異なる他者と協働する際には葛藤や対立に向き合う視点が欠かせないと指摘している。広田の言う通り、同じ考えを有する他者とともに課題に取り組むのは楽かもしれないが、意見の異なる他者とならともに行動することさえ苦痛に感じることがあるかもしれない。異なる文化的背景を有する他者との共生に関する研究を展開する小澤は、他者との間に生じる葛藤の中に踏み込み、その葛藤を引き受ける「耐性」と、その「耐性」を基に他者の固有性は人間一人ひとりの存在を支える核なのだと相互に理解する「寛容さ」が、協働する上で欠かせないと指摘している[4]。他者と対話し、協働して課題に取り組むための土台としての「耐性」と「寛容さ」の形成が重要となろう。

　そもそも「対話」とは、対等な関係性の中に生まれるものであるという指摘がある[5]。では、「総合的な学習／探究の時間」が展開される学校での児童生徒の関係性は対等と言

えるのであろうか。学校における人間関係の序列化に関する研究を展開する鈴木は、主に中学校・高等学校のグループ間に地位の差があること指摘し、それをスクールカーストと呼んでいる[6]。鈴木によると、スクールカーストの地位が上位であるほど自分の意見を押し通すことができ、一方下位グループには意見を押し通すことができる生徒は少ないということを明らかにしている。また、上位に位置付けられるグループの生徒は自己主張が激しく、下位グループの生徒は上位グループの生徒に対して言い返すことが困難であることを指摘している。つまり、スクールカーストの上位グループに属する生徒は優位な立場にあるため、学校の人間関係は必ずしも対等であるとは言えない。

　異なる意見を持つ他者との対話によってもたらされる新しい考え方によって社会的課題に取り組んでいくことは確かに肝要であるが、他者との対話によって生じる葛藤や対立を軽視しては協働が困難になると言えよう。また、スクールカーストを強く意識するのは自分のグループ以外の生徒と一緒にいることを強いられているときであると鈴木が指摘しているように、「総合的な学習／探究の時間」における「対話的な学び」の視点を取り入れた学習活動で、対話が実践されていない場合があることにも注意しなければならない。対等であり、協働を可能とするような人間関係の構築を目標とする教育実践を様々な授業で取り入れていくことが、「総合的な学習／探究の時間」における「対話的な学び」の視点を取り入れた学習活動の充実には欠かせないと言えるのではないか。

(3) 「深い学び」における課題

　「総合的な学習／探究の時間」において、「深い学び」の視点を取り入れた学習活動を通して、未知の状況に対応できる力を育んでいくことが目指される。では、その「深い学び」の実践における課題を考えていきたい。

　「主体的・対話的で深い学び」を歴史学的な観点から議論を展開している小針は、新しい考え方に到達することを可能とする、既存の価値を多角的に捉える批判的思考が今後の予測不可能な社会において求められると指摘し、さらに、教師が意図しない批判的な考えに至る「深い学び」に児童生徒が達成したときに、その考えを表現・表明することができるのかという疑問を投げかけている[7]。例えば、小・中学校の「特別の教科・道徳」において、「家族を敬愛すること」や「日本人として国を愛すること」などが児童生徒に求められる。そして、「総合的な学習／探究の時間」における「深い学び」の視点を取り入れた学習活動を通して、「特別の教科・道徳」で重視される価値観に批判的な考えが示された場合、その考えは教師に許容されるのであろうか。

　憲法学者の阪口は、その場の雰囲気を察知して、それに従うことを意味する「空気を読む」ことが強く求められる日本社会において、既存の見解や権威を批判する言論としての

異論は抑圧されがちであると指摘している[8]。多様な考えを持つ人々が生きる社会において異論が生じるのは当然のことと考えられるが、小針が指摘している通り、多様な価値を許容しなければ、児童生徒は教室という場の空気を読むようになり、自由に意見を述べることに対して消極的になるであろうし、学びから排除されてしまうことにもなりかねない。教師は、児童生徒が到達すべき点を設定し、その到達度を評価するという権限を有している。だからこそ、教師が自身の持つ権限に対して無自覚であれば、児童生徒は「総合的な学習／探究の時間」において教師が望み好むであろう答えを探し出す学びを児童生徒自ら選択させる可能性が生じることに気を付けなければならない。

第2節 「総合的な学習／探究の時間」における充実した学びに向けて

　本章では、「主体的・対話的で深い学び」に焦点を当てながら、「総合的な学習／探究の時間」における課題に目を向けてきた。興味関心のあるテーマに能動的に取り組む学習としての「主体的な学び」は、「総合的な学習／探究の時間」における学習活動の基本になると考えられるが、児童生徒の学習意欲や学力の違いが「主体的な学び」に影響を与えると考えられる。多様な社会的背景を有する児童生徒に対する、日常の教育的配慮を充実させることが、「総合的な学習／探究の時間」における「主体的な学び」の実現に貢献すると言えよう。また、「対話的な学び」の充実を図る際に、他者との協働において対立や葛藤に向き合う必要があり、さらに教室内の人間関係は必ずしも対等ではないということをふまえなければならない。様々な授業での、より良い関係性構築を重視するジグソー法といった教育方法の実施による、より良い人間関係構築の試み[9]が、「対話的な学び」の充実に欠かせない。そして、「総合的な学習／探究の時間」において、「深い学び」を通して様々な課題の解決策を見出すことが期待されている。重要なことは、その解決策には個人の価値観や考え方が反映することである。「深い学び」を通して示された児童生徒の考え方が、評価権限を有する教師の考え方と合わない場合、児童生徒の考え方が排除される可能性は無視できない。教師が児童生徒の考え方に対する「耐性」と「寛容さ」を持つことが「総合的な学習／探究の時間」における「深い学び」の実現につながることに、教師は謙虚に向き合わなければならないと言えよう。

注
1）苅谷剛彦・志水宏吉・清水睦美・諸田裕子『調査報告「学力低下」の実態』岩波書店（2002）43，48-49 頁。
2）宮島喬『文化と不平等』有斐閣（1999）116 頁。
3）広田照幸「高校の学習指導要領改訂案」朝日新聞，2018-02-15 朝刊。
4）小澤理恵子「異文化間トレランスの〈耐性〉と〈寛容さ〉について」『異文化間教育』15（2001），31-52 頁。

5）倉地暁美『多文化共生の教育』勁草書房（1998）58頁。

6）鈴木翔『教室内カースト』光文社（2012）130，180頁。

7）小針誠『アクティブラーニング 学校教育の理想と現実』講談社（2018）223，249頁。

8）阪口正二郎「異論の窮境と異論の公共性」阪口正二郎編『自由への問い3 公共性—自由が／自由を可能にする秩序』岩波書店（2010）21-43頁。

9）奥野浩之・沼田潤「グローバル化時代の道徳カリキュラム開発に向けた基礎研究—視点取得と自尊感情に着目した協調学習を取り入れて」『グローバル教育』18（2016）19-36頁。

第二部　実践編

全教職員でかかわる小学校の英語活動
──6年間を通じた国際理解・多文化共生教育の挑戦──

引山　大士

1．はじめに

　高槻市立大冠小学校には、外国にルーツをもつ児童が多く通っている。1997～2020年の間続いた英語教育のスタートは、「大冠の子どもたちには、グローバルな人に育って欲しい」という地域の声が発端であった。当時から多文化共生という視点が地域にあったのだろう。地域の声が学校の研究を後押しすることは非常に珍しく、当時から学校と地域が連携し、現在の「開かれた学校」に近い様子だったことが想像できる。

　最初の第一歩は、地域人材（校区に住む外国人）を活用した高学年での英語活動だった。楽しく学ぶことから始めた英語活動は、後に子どもたちが相互理解を深めるような国際理解教育の取組となった。その後も高槻市・大阪府・文部科学省の研究委嘱を機に内容を整理し続けた結果、言語教育と多文化共生がリンクした、高槻市の教育活動を代表するグローバルな教育課程へと発展した。長年の取組にも関わらず、スタート地点である地域とのつながりを持ち続けたことが大冠らしさであったと私は感じている。

　これらの取組を下支えした領域がまさに総合的な学習の時間である。授業と関連した調べ学習だけに終わらず、研究の早い段階から国際理解教育の視点をもって、全学年が取り組む行事も組み込んでいたことが特徴的である。

　まず、継続的に実施してきた行事の例としてJICA交流を簡単に紹介したい。これは、JICA（国際協力機構）が提供しているプログラムで、日本に来られた外国の研修員の方々（以下、「研修員」とする）を学校に招聘し、児童と異文化交流ができるという内容である。この制度を利用し、年に一度、半日を費やして、全学年で総合的な学習の時間の授業として異文化交流を行った。毎回5～20名程度、様々な国の方に来て頂いた。

　行事の始まりは、体育館での全体会開催とした。研修員の国名・国旗、母語・英語での自己紹介、児童会役員による質問タイムを行い、児童の興味・関心を引き出した。毎年「今

年はどこの国から来るのかな。」とこの時間を楽しみにする児童も多かった。全体会後は1クラスに複数名の研修員にきてもらい、児童が直接コミュニケーションできる授業を実施した。低・中学年では、日本も含めた様々な国の伝統的な遊び（けん玉、折り紙、研修員出身国の遊び）、芸術（工作）を共に体験し、高学年では大阪府や高槻市の町紹介、芸術（書道）を児童主体で紹介する異文化交流を行った。授業前には、控室にいる研修員を教室まで案内しながら自然と会話をし、何とか気持ちや活動のやり方を伝えようとする児童の姿が印象的であった。

　この交流会は、研修員と一緒に食事をする給食交流を実施する年も多かった。給食時間を共にすることで、研修員が日本の食事に興味を示す姿だけでなく、宗教上食べられないものを児童が知ったり、食事前に祈祷する姿を見ることで、異文化を肌で感じるよい機会となっていたからである。

　また複数年に1回程度、高槻都市交流協会からの紹介で、オーストラリア、インドネシアといった外国からの学校関係者・児童・生徒の訪問を受け入れることもあった。こちらも前述のJICA交流と同様、異文化交流授業を実施することで、本物感にこだわる取組として行った。

　こうした大々的な行事の一方で、学級・学年の取組として、外国にルーツを持つ児童の在籍学年では、当該児童の保護者の協力で出身国の文化や遊びを紹介する授業も設けていた。時に、高学年では郷土料理の調理実習を共にする授業もあった。当該児童への理解はもちろん、異文化を身近に感じながら、体験の中で国際感覚を身につけることをねらいとし、学年の年間計画の中に毎年度位置づけられていた。大きな行事と日々の授業の両輪を意識した年間計画であった。

　このような取組に1997年から継続してきた英語活動を結びつけ、本校は英語教育、多文化共生教育という2つの柱を中心とした教育課程を編成してきた。ちなみに近年大きな柱となっていた英語教育については、2008年頃、小学校における英語教育開始の議論が出始めたことを機に、より研究を深める形となっていた。

　次に示すのは、柱に沿った取組の中でも、児童・保護者・外国の学校関係者・本校職員の4者が、互いによりよい多文化共生教育を考える機会となった事例である。当時の英語

活動年間計画、総合的な学習の時間（生活科含む）全体計画を示しながら、詳細を紹介したい。

2．6年間の外国語（英語）活動年間計画　＊前学習指導要領時に作成

平成28(2016)年度～　外国語活動　年間カリキュラム　2015年度末総括版

	April	May	June	July	September	October	November	December	January	February	March	めざす子ども像	
G1	あいさつをしよう Good Morning!		数字の言い方を覚えよう〔JICA交流〕		動物の名前を英語で言ってみよう		クリスマスツリーを飾ろう	体の名前を英語で言ってみよう 習ったことを思い出そう（復習）〔国際理解交流〕		英語カルタで遊ぼう（2年生と交流）	友だちと一緒に楽しく活動する子	**Challenge**
視点	生活につながりのある単語と出会おう　外国語と出会おう・異文化と出会おう												
G2	あいさつをしよう 天気を英語で言ってみよう		好きな色を言ってみよう〔JICA交流〕		ケーキコンテストをしよう		野菜を英語で言ってみよう	カラフルフルーツ 色と果物を組み合わせて言ってみよう〔国際理解交流〕		英語カルタにチャレンジしよう！（1年生と交流）	友だちのことを考えて楽しく活動できる子	
視点	生活の中にある外国語に気づこう　異文化と出会おう												
G3	英語で気持ちを伝えよう	月の言い方を知ろう 曜日の言い方を知ろう	フルーツを買いに行こう！〔JICA交流〕		アルファベットをさがそう	My Dream Roomをつくろう		日本の伝統的な遊びを英語でやってみよう〔国際理解交流〕		Vegetable soup for you	相手を意識して伝え、聴ける子	**Gap**
視点	言葉のおもしろさや豊かさに気づこう　（「気づき」を意識し始める）												
G4	ランチメニューをつくろう		友だちに似合う服を見つけよう〔JICA交流〕		Your Dream Roomをつくろう	夢の時間割をつくろう		友だちを紹介しよう〔国際理解交流〕（4年で習った内容を使って発信してみよう）			相手の事を考えて伝え、聴ける子	
視点	スキット・買い物・お店屋さんごっこで金額に慣れ親しもう　（コミュニケーションの土台作り）												
G5	オーストラリアのことを知ろう	アルファベットで遊ぼう	友だちにTシャツを作ろう〔JICA交流〕	世界の国について知ろう	ランチメニューを考えよう	大豆クイズを作ろう	行ってみたいな、世界の国へ〔国際理解交流〕		自分のことを伝えよう		相手に伝え、受けとめようとする子	**Necessity**
視点	人と伝え合う喜びを味わおう　コミュニケーション活動を始めよう　（実践の場を体験しながら）												
G6	AETに自己紹介しよう	When is your birthday?	道案内をしよう〔JICA交流〕	英語番組を作ろう	自分の1日を紹介しよう	クリスマスパーティーをしよう	自分の夢を語ろう〔国際理解交流〕（卒業式に向けて）			アルファベットマスターへの道	積極的に相手に伝え、受けとめようとする子	
視点	伝わる側のレスポンスを意識しよう　様々なコミュニケーション活動を体験しよう　（本物志向　プレゼンテーションを通して思考力・表現力・判断力を育む）												

左側区分：TOPICシラバス（G1・G2）／場面シラバス（G3・G4）／TASKシラバス（G5・G6）

右側：Confidence comes from experience. ／ Interactive sympathy (Interact with each other) ／ Mutual sympathy

■目標を一緒に達成する　■相手の気持ちを受け止めながら伝える　■相手の立場に立って、わかりやすく伝える
■心情的コミュニケーション（心の領域）　低・中学年
■目的（目標）を達成するコミュニケーション（技能の領域）　中・高学年
今年度のキャッチフレーズ『つなげ！FUN FUN ENGLISH』

３．総合的な学習の時間　全体計画

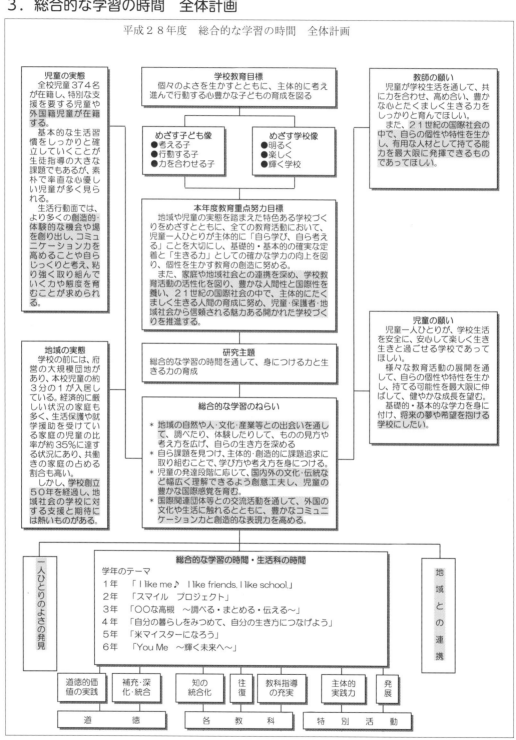

平成２８年度　総合的な学習の時間　全体計画

児童の実態
全校児童374名が在籍し、特別な支援を要する児童や外国籍児童が在籍する。
基本的な生活習慣をしっかりと確立していくことが生徒指導の大きな課題でもあるが、素朴で率直な心優しい児童が多く見られる。
生活行動面では、より多くの創造的・体験的な機会や場を創り出し、コミュニケーション力を高めることや自らじっくりと考え、粘り強く取り組んでいく力や態度を育むことが求められる。

学校教育目標
個々のよさを生かすとともに、主体的に考え進んで行動する心豊かな子どもの育成を図る

教師の願い
児童が学校生活を通して、共に力を合わせ、高め合い、豊かな心とたくましく生きる力をしっかりと育んでほしい。
また、21世紀の国際社会の中で、自らの個性や特性を生かし、有用な人材として持てる能力を最大限に発揮できるものであってほしい。

めざす子ども像
●考える子
●行動する子
●力を合わせる子

めざす学校像
●明るく
●楽しく
●輝く学校

本年度教育重点努力目標
地域や児童の実態を踏まえた特色ある学校づくりをめざすとともに、全ての教育活動において、児童一人ひとりが主体的に「自ら学び、自ら考える」ことを大切にし、基礎的・基本的の確実な定着と「生きる力」としての確かな学力の向上を図り、個性を生かす教育の創造に努める。
また、家庭や地域社会との連携を深め、学校教育活動の活性化を図り、豊かな人間性と国際性を養い、21世紀の国際社会の中で、主体的にたくましく生きる人間の育成に努め、児童・保護者・地域社会から信頼される魅力ある開かれた学校づくりを推進する。

児童の願い
児童一人ひとりが、学校生活を安全に、安心して楽しく生き生きと過ごせる学校であってほしい。
様々な教育活動の展開を通して、自らの個性や特性を生かし、持てる可能性を最大限に伸ばして、健やかな成長を望む。
基礎的・基本的な学力を身に付け、将来の夢や希望を抱ける学校にしたい。

地域の実態
学校の前には、府営の大規模団地があり、本校児童の約3分の1が入居している。経済的に厳しい状況の家庭も多く、生活保護や就学援助を受けている家庭の児童の比率が約35％に達する状況にあり、共働きの家庭の占める割合も高い。
しかし、学校創立50年を経過し、地域社会の学校に対する支援と期待には熱いものがある。

研究主題
総合的な学習の時間を通して、身につける力と生きる力の育成

総合的な学習のねらい
＊ 地域の自然や人・文化・産業等との出会いを通して、調べたり、体験したりして、ものの見方や考え方を広げ、自らの生き方を深める
＊ 自ら課題を見つけ、主体的・創造的に課題追求に取り組むことで、学び方や考え方を身につける。
＊ 児童の発達段階に応じて、国内外の文化・伝統など幅広く理解できるよう創意工夫し、児童の豊かな国際感覚を育む。
＊ 国際関連団体等との交流活動を通して、外国の文化や生活に触れるとともに、豊かなコミュニケーション力と創造的な表現力を高める。

総合的な学習の時間・生活科の時間
学年のテーマ
1年　「 I like me♪　I like friends. I like school.」
2年　「スマイル　プロジェクト」
3年　「○○な高槻　～調べる・まとめる・伝える～」
4年　「自分の暮らしをみつめて、自分の生き方につなげよう」
5年　「米マイスターになろう」
6年　「You Me　～輝く未来へ～」

一人ひとりのよさの発見

地域との連携

道徳的価値の実践	補充・深化・統合	知の統合化	往復	教科指導の充実	主体的な実践力	発展

道　　徳	各　教　科	特　別　活　動

4．単元設定の理由と背景

単元名：インドネシア交流　（担任：秋山恵里佳教諭　全体調整：平山欣生教諭）

⑴　児童観

　入学時より活発な児童が多く、授業では毎時間ほぼ全員が手を挙げたり、発言したりする子どもたちであった。休み時間には友だち同士で遊ぶ様子も多く見られ、友だちに対して深い思いやりをもつ一方で、時に気持ちのすれ違い、伝え方が不十分で上手くコミュニケーションできない場面もあった。学年の中には複数の外国にルーツをもつ児童が数名在籍し、中には外国の名前で過ごす子どももいた。周りの子どもたちは、その存在を食事面や保護者の服装から、低学年なりの理解はしているようだった。

⑵　教材観

　インドネシアにルーツを持つ保護者と担任は、入学時より何度も懇談を繰り返す中で、授業の中で、保護者による出身国紹介ができないかと計画していた。担任が時期を見計らって保護者に改めて依頼しようとした頃、当該の保護者側から学校への依頼があった。それは出身国の教育機関関係者による学校訪問の依頼であった（保護者が調整役となっていた）。そこで担任、研究担当、生徒指導が協同し、児童・保護者・インドネシアの教育機関関係者・本校教職員が共に学ぶ合う多文化共生教育に取り組んだ。

　児童に関わる取組内容は、保護者によるICT（パワーポイント）を活用した国の紹介、教育関係者による音楽の演奏、演奏体験、質問タイムであった。教職員同士の交流では、全学年の授業見学、日本の教育制度の質疑・応答となり、こちらは教育センター（高槻市教育委員会）の協力も得ながら実施した。

⑶　指導観

　総合的な学習の時間と外国語活動の教科連携でこの取組を進めた（指導上の工夫は後述）。

　継続的に研究委嘱・教育課程特例校指定があったことで、低学年で月1回、中学年で週1回、高学年で週2回の外国語活動の授業が行われていた。さらに、令和元年から全面実施となった学習指導要領の移行期間では、帯活動が注目された時期もあり、帯活動としても外国語活動を取り入れていた。低学年から授業を取り入れていることが特徴的であり、なおかつ低・中・高と学年が上がるにつれ、児童の身の回りのこと、友だちとの情報交換、実践的な場面と視点が高まる系統となっている。

　実際の授業では低学年という発達段階を考慮し、具体物の提示と体験的な活動を取り入

れた。外国語による自己紹介、音楽鑑賞、音楽体験、質問タイムという授業展開とし、外国と日本との違いを知り、楽しみながら音楽文化を体験することで、異文化理解につなげることをねらいとした。教職員側も研修員の授業参観に同行したり、それぞれの国における教育の視点を知ることで、当該児童の背景理解はもちろん、今後の多文化共生教育のヒントを得る機会となった。

5．指導計画

　ここで紹介する指導計画（指導案）と参考資料は、児童期の入口ともいえる第2学年生活科での実践記録である。

事前指導	日本周辺の国の名前 インドネシアの国旗、言葉、食べ物、街並み等　　　　　　　※外国語活動と連携		

展開	学習活動	指導上の工夫	備考
5分	（体育館にて） あいさつ・自己紹介 国の紹介 あいさつ（児童から）	・担任が授業のめあてを伝える。 ・保護者、コーディネーターから日本語で説明後、来校された方々に現地の言葉であいさつをしてもらう。 ・可能であれば、日本に来た時の第一印象を言ってもらう	・担任、研究担当は児童の理解の支援を行う。
3分	Angklung performance 楽器紹介 音楽鑑賞	・保護者、コーディネーターから楽器紹介、音楽の背景等を児童に伝えることで、出身国の文化に出合わせる。 ・担任は日本の音楽との違いを予想させることで、鑑賞のポイントに気づかせる。	・担任、研究担当は難しい言葉があれば、児童に合わせた言い方に変える。
15分	楽器演奏体験	・楽器の音色を楽しみながら、ゲストの方々と交流できるよう、支援する。 ・理解が難しかったり、質問したい場面で、通訳がどうしても必要な場合のみ支援を行う。	・できる限り児童がゲストと直接触れ合う場面を多くする。
10分	（教室へ移動）		
7分	質問タイム 国紹介（続き）	・文化や国についての質問が出ない場合は、担任が「○○みたいなものって△△にもあるのかな。」等といった声かけを行う。	・児童からだけでなく、ゲストからも質問をしてもらう。
5分	ふりかえり あいさつ	・授業へのふりかえりだけでなく、ゲストへのメッセージも出してもらう	

事後指導	全校集会（FAME）での発表 　取組紹介、感想、楽器演奏		

参考資料〈教育関係者の方々へ渡したタイムテーブル〉

Time table
Around 10：00　　　　Arrival, Commemorative photo
　　　　10：15〜　　　Greeting from the principal　　Short break (Guest room)

3rd period
10：40〜11：00　Angklung performance（Gym）
11：00〜11：25　classroom visitation

Subject ／ place
North building

grade	subject	place
3−1	English	Home room
3−2	music	Music room
5−1	social studies	Home room
5−2	social studies	Home room

Center building

grade	subject	place
1−1	Japanese	Library
1−2	Japanese	Home room
6−1	math	Home room
6−2	math	Home room

South building

grade	subject	place
2−1	Angklung performance→Home Room	Gym→Home room
2−2	Angklung performance→Home Room	Gym→Home room
4−1	science	Home room
4−2	Japanese	Home room

4th period
11：35〜11：55　Angklung performance（Gym）
11：55〜12：20　classroom visitation

Subject ／ place
North building

grade	subject	place
3−1	science	Home room
3−2	English	Home room
5−1	Science	Science room
5−2	Japanese	Library

Center building

grade	subject	place
1−1	Angklung performance→Home room	Gym →Home room
1−2	Angklung performance→Home room	Gym →Home room
6−1	Social studies	Home room
6−2	Japanese	Home room

South building

grade	subject	place
2−1	Japanese	Home room
2−2	Japanese	Home room
4−1	math	Home room
4−2	math	Home room

Lunch time
12：30〜13：10　classroom

Cleaning time
13：10〜13：25　classroom

Questionnaire
13：30　Greeting from the principal or vice Principal

Leave at school
Around 14：00　Leave school

6. 指導上の工夫・学習成果

(1) 効果的な学習を目指して——指導上の工夫——

　本授業を行う前に、事前授業として外国に関する学習を行った。日本の近くにはどんな国があるのか、そこではどんな人々が住んでいて、どんな食事をしているのか等々、できるだけ児童が身近に感じる話題で授業を行った。これは外国語活動年間計画における低学年の視点「生活につながりのある単語に出合おう」「生活の中にある外国語に気づこう」とも関連している。月1回ではあるが、担任主導の外国語活動では、外国にルーツのある児童の出身国に関連する単語を入れたり、提示する外国語に一工夫したりしてきた経緯がある。入学時から学ぶ場面や課題を変えながら、児童が「あぁ、あの国か！」と何度も多文化に出合ってきたことが、本取組で深い学びとなることを期待した。

　また実際の授業展開で大事にしている視点があった。それは児童の体験場面を見守ることである。できる限り教職員の支援は最小限に留め、研修員の身振り手振り、現地の言葉を直接見たり聞いたりしながら、心を通わせる体験とすることが重要である。この直接的な関わりを見守る工夫は、歴代の研究主任から受け継いだ方法だ。実際のコミュニケーションにおける嬉しさ、楽しさ、戸惑い、疑問といった経験こそ、後の学習意欲を育てることを、私自身も児童たちから教えられたからである。

(2) 学習の成果
——子どもの成長、地域や関係機関との連携、カリキュラムマネジメント——

　学習後には児童たちから「インドネシアって日本からそんなに遠くないんだね。」「楽器の音が面白かった。」「言葉の感じが日本語と違うね。」等の意見が出た。また、写真付きの交流報告を学年だよりで家庭に発信したり、校内掲示等も行ったところ、「子どもが楽しかったと言ってましたよ。」と感想を伝えていただいた家庭もあれば、「あの楽器って、これのこと？」と、寄贈していただいた楽器をじっくりと観察する他学年の児童もいた。

　クラス内でも「いろいろな国があっておもしろいね。」といった意見とともに、温かな雰囲気が一段と増し、当該児童の背景理解も深まったように思える。もちろん、これ以降の英語活動が活発になったことは言うまでもない。事後学習として取組の数週間後、児童

たちは寄贈された楽器を実際に使い、全校集会で音楽を発表したことも、児童たちの自信につながった。

　本授業は体験授業の重要性を再認識し、年々少なくなっていた国際理解・多文化共生教育のカリキュラムを見直す機会ともなった。低・中学年における教材を使った授業だけでなく、思考・判断・表現に重点をおいた高学年の研究授業が後に企画、実施されるなど、学校全体に大きな波及効果があった。

7．最後に

　児童の実態に合わせた他教科連携は、学級担任制である小学校教員の得意とするところであり、「あの国のことをこのタイミングで学習させておこう。」、「後でもう少し広げた授業展開にしてみよう。」、といった日常の1コマを大事にすることで、これまで英語教育と国際理解教育をリンクさせてきた。

　大冠小学校は特別な加配教員が配置された学校ではなく、一般の公立小学校である。様々な課題を抱える学校という教育現場が1つの目標に向かって進むことは、容易なことではない。地域が後押ししてくれた「大冠の子どもたちには、グローバルな人に育って欲しい。」という願いは、英語教育という大きな柱と、国際理解・多文化共生という視点を生み出した。今回挙げた事例は一部であるが、このような取組こそ、地域の特色に合わせたものであり、まさしく現在の学習指導要領が求める総合的な学習の時間に則した取組であったのではないかと考える。

　総合的な学習の時間という領域では、特に見方・考え方が重要である。また、体験的な授業を取り入れる前段階までに、やってみようという動機づけ、聞いたり話したりしてみようというコミュニケーション能力の育成や人間関係構築の土台作りも必要だ。乗り越えるべく課題は様々あるが、系統性を意識し、地域連携した総合的な学習の時間は、児童・教職員双方にとって、非常に魅力的である。

本実践の特徴と意義　　　　　　　　　　　　　　　　　　　　福澤　隆治

　学習指導要領が改訂され、社会や世界の状況を幅広く視野に入れ、子どもたちが社会や世界に向き合い、関わり合うことが教育課程の理念として記されている。このような視点こそ、国際理解教育・異文化理解教育・グローバル教育を進めていく上で重要なことである。本章の取り組みは、その先駆的意義を有するものといえよう。

　国外の在外教育（外国における日本人児童生徒の教育）に目を向けると、さらに進

んで「グローバルリーダーの育成」を目指した教育活動が推進されている。現在、在外教育施設として日本人学校は50カ国と1地域に95校、補習授業校は13カ国に42校が設置されている。海外には約8万人の義務教育年齢の児童生徒が在住しており、その約半数が、日本人学校や補習授業校に在籍し、毎年約400名の教員が日本各地から世界へ派遣されている。

　国内においてもグローバル化が進み、小学校では3・4年生から外国語活動が始まり、5・6年生の英語は国語や算数と同格の「教科」となった。教科となることでALTが授業に登場する機会が増え、世界の文化を肌で感じられるようになってきた。本章の実践のみならず、全国の学校においてもグローバル化は進み、在外施設からの帰国生や海外にルーツを持つ子ども、海外から一時帰国時に体験入学をする子どもなど、様々な環境下の子どもたちがクラスの中に在籍するようになってきている。

　本章では大冠小学校の英語教育がクローズアップされている。確かに、多くの教員が毎年入れ替わる中で20年近く国際理解教育・英語教育に継続的に取り組めたことは評価に値するが、それだけでなく、同校の教育活動を考える際には、同校の教育の全体像をとらえることが必要である。なぜなら同校は、ある意味非常に困難な社会環境や教育条件の下で、様々な教育課題に向き合う努力を重ねてきたことも事実だからである。そのような社会経済環境の下で、地域の人々とともに教員がひたむきに授業づくりに努めてきたことは評価されて良いだろう。「学校づくりは授業づくり」を合い言葉に教育活動を推進し、後述のような様々な教育活動が進められてきた。校内を歩くと、どのクラスもしっとりと落ち着いたなかで授業が進んでいたし、毎年新任の先生も担任を持ち、担任と子どもたちの信頼関係が感じ取れる授業風景も見られた。ここ数年、注力してきた教育活動を紹介すると以下のようになる。

　人権教育としては、「人間関係トレーニング」、「セルフバリュープログラム」、「4・5年生対象の人権教育プログラム」のほか、保護者向け人権講演会や教員研修が計画的に実施された。

　キャリア教育では、「将来の夢から職業観の育成」をテーマに、毎年5〜6名の講師（医師・看護師・理容師・パティシエ・トリマー・大工・農家・ホテルマン等のほか、サプライズゲストにソチオリンピック銅メダリスト）を招聘し、クラス単位や少人数に分かれて、多種多様な職業人からの聞き取り学習を実施した（6年生）。

　食育としては、校外学習や給食のない日の「お弁当作り」を全学年で実施した。初めは保護者からは教育効果に疑問の声もあったが、家庭科の授業に有名料亭の板前さんによる指導の協力を得るなどし、実施後には校外から高い評価を得、最後の年度に

は5回実施された。さらには校区（1中学校、3小学校）全体にも同様の取り組みが広がった。

　その他にも、地域主導の教育活動として、日本語教室に日本語教員の資格を持つ講師を招聘し、海外にルーツのある子ども達への指導を行ったり、「英語教室」としてＡＬＴや学生ボランティアによる週1回の放課後の英語学習を実施したりした。また、「放課後子ども食堂」として、保護者を含む地域のボランティアが、月1回夕方5時から家庭科室で「子ども食堂」を開いた。そして、これらの地域主体の活動には教員もボランタリーに参加してきた。

　このような「学び」を学校の中心に据えた授業改革を行うことで子どもたちの意識が変わり、校内の学習環境が落ち着くことを教職員が実感し、保護者や地域の方々からの信頼を得てきたのである。本章の国際理解教育の「総合的な学習の時間」は、このようなバックボーンの下で実践されたことを理解してもらいたい。

　ＡＩの発達により、今ある仕事の半分がなくなり今はない仕事が出てくるといわれている。子どもたちにとっても、教える側の教員にとっても「今は無い仕事」を想像することはとても困難なことである。教員は「知識」を伝えるだけ、子どもたちは教師の知識を聞くだけの授業から、教師の発問に対し、自分の意見・考えを持ちそれを伝え、深く考える授業への転換は急務である。「総合的な学習の時間」だけでなく、すべての教育活動を通じて、コミュニケーション能力、グローバルな思考力、自立に向かって生きる力を育む教育が求められ、そのような資質・能力がこれからの社会を生きていく重要な力になっていく。本章の実践のように「総合的な学習の時間」が「主体的・対話的な深い学び」と直結することは、子どもたちにとっては学び方が変わる大きなチャンスとなり、教師にとっては学校での学びがどう生かされるのかを問い直し、日々の授業の意義を問う好機となるのである。

相手を意識して、主体的に情報を活用しようとする子の育成
──情報活用能力を育成するメディア・コミュニケーション科の実践から──

井上　美鈴

1．はじめに

　京都教育大学附属桃山小学校では、2011年度より4年間にわたり文部科学省研究開発指定を受け、小学校課程における情報教育を核とする「メディア・コミュニケーション科」を創設するとともに、情報内容及びその方法について実践をとおした研究をおこなった。「情報」というテーマになるとパソコンやタブレット端末といった機器操作に焦点があてられることが多いが、本校では相手意識を大切にしている。メディア・コミュニケーション科では、1年生から6年生まで系統立てた実践をおこなっている。低学年では様々なメディアの特性を知り、高学年になると相手を意識することで必要なメディアを選択・活用し、コミュニケーションが豊かに行えるように学習を進めた。そして、メディア・コミュニケーション科における実践は、総合的な学習の時間の現代的な諸課題に対応する横断的・総合的な課題としての「情報」を扱う実践としても有効に活用できる。そこで、今回は6年生の実践事例を紹介する。

2．第6学年の年間活動計画

4月　5月　6月　7月　9月　10月　11月　12月	1月　2月　3月
便利に使おう情報ネットワーク	私たちの町のみ力を発信しよう

3．単元目標

⑴　便利に使おう情報ネットワーク
・イントラネットとインターネットの違いを理解する。

・SNS など情報ネットワークを使ったやりとりの特性を理解する。

・伝える相手に合わせてスライドの作り方を変えるなど、相手を強く意識した作品作りに取り組む。

・伝えたい相手や発信後の社会に対する影響を踏まえ、作品を発信する。

⑵　私たちの町のみ力を発信しよう

・自分たちの街の魅力に対する情報を様々な方法で収集し、情報を受け取る相手によって発信するメディアや内容を検討して発信する。

・発信したことが相手にどのように伝わったのか、アンケート調査を用いて実施したことを再検討し、振り返りを行うことで自分自身の発信方法について考察を深める。

４．単元設定の理由と背景

　本単元「私たちの町のみ力を発信しよう」は、メディア・コミュニケーション科で6年間学習してきた成果を発揮する単元である。本単元では自分たちが住んでいる町の魅力を様々な角度から発信する活動を行う。子どもたちは社会科で日本の歴史を学習し、自分たちが住んでいる京都には様々な歴史的名所が多くあることを知った。秋には遠足で京都市内巡りを行い、グループで興味のある寺社仏閣や博物館を巡っている。これらの経験をふまえ、自分たちが住んでいる町にはどのような魅力があるのかについて、自分たちが伝えたい相手を決め、発信するという活動をした。

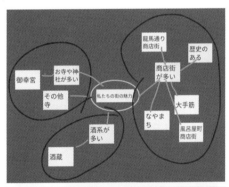

⑴　どのような教材を選択し、どのように用いたか（教材観）

　本単元は「私たちの町のみ力をしょうかいしよう」ということで自分たちが住んでいる町や学校周辺の魅力を紹介することにした。京都市は観光都市として多くの魅力があるが、小学生の視点から魅力を切り取り、紹介することで伝える相手である大人側にも新たな発見があると考えた。子どもたちが魅力があると感じるポイントの多くは、「寺社仏閣」、「食事をするところ」、

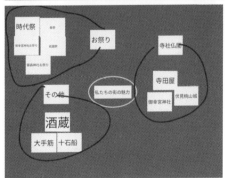

「歴史的に有名な場所」、「博物館や美術館などの公共施設」であった。具体的には、学校がある伏見区ならではの酒蔵や伏見桃山城を町の魅力として選んでいた。さらに、祇園祭の山鉾巡行に毎年参加している子もいて、その子は「祭り」も魅力として選んでいた。前頁（p.41）の画像は学習が始まる際に子どもたちがイメージした町の魅力について、ウェビングを使ってまとめたものである。

⑵　児童生徒の学習意欲、関心、態度など（児童生徒観）

　子どもたちにとっては、京都市内巡りの遠足で実際に見てきた自分たちの町周辺での発見や、その時の感動を伝えたいということが学習の意欲になっていた。そして、子どもたちはこれまでタブレットPCを扱うことに慣れていたが、今回は新たなメディアとしてGoogleサイトを用いたウェブサイトづくりにチャレンジするグループもあった。そのため、伝えたいという意欲と新しいメディアを使ってチャレンジしたいという意欲とで、学習に対する意欲はこれまで以上に高まっていた。さらに、「あつめる」という活動の一環として、冬休みにも自分が住んでいる町の魅力を情報収集していたことで、伝えたいという意欲を高めたまま学習にのぞむことができていた。

⑶　どのような指導をおこなったか、また指導のポイントは何か（指導観）

　本単元では「私たちの町のみ力を伝えよう」ということをテーマにして「であう」→「あつめる」→「せいりする」→「まとめる」→「つたえる」→「ふりかえる」という流れで単元を進めていった。この一連の流れは1年生から6年生までの全単元で実践されている。

　「あつめる」では、タブレットPCを用い、子どもたちがインターネットを使って伝えたい歴史的名所の検索をした。タブレットPCだけでなく、実際に行った場所のパンフレットやチラシなども情報として集めた。特にインターネットで検索する際は、インターネット上の写真などを無断転用するのは著作権法上よくないということをこれまでに学んでいたため、よく吟味して使うということに気をつけていた。遠足に行った際に、デジタルカメラで撮った写真も素材として活用した。

　「せいりする」では、集めてきた素材を4人のグループでどのように提示していくかを検討することを行った。題材の精選だけでなく、友達が伝えたい町の魅力と自分の街の魅力の共通項を出し合うことや、テーマを決めて使う情報と使わない情報に整理することを行った。

　「まとめる」では、これまで学習したメディアを伝える相手に合わせて選択した。例えばパンフレット、ポスター、プレゼンテーション形式のスライド、ウェブページなどである。子どもたちは伝える相手によってふさわしいメディアは何なのかを考え、選んでいた。

例えば、多数の大人に見てもらいたい場合にはウェブページを選択していた。そして、身近な大人（家族や教師）に伝える場合はパンフレットを、その場所に行ったことのない同級生に伝える場合はプレゼンテーションで詳しく伝えるという風に相手に合わせてメディアを選択していた。

「つたえる」では、選択したメディアを活用して相手に伝えた。この時に意識したのが、メディアの特性に応じて伝えたい相手に伝わるように発信することだった。参観日には、実際に保護者と隣のクラスの友達に発信し、自分たちで作成した「Googleアンケート」も実施した。

「ふりかえる」では、アンケート結果をもとに振り返りをしてから、作品の改善をおこなった。

　指導をする際には、常に子どもたちの考えや探究したいという気持ちが高まるようにすることを意識した。今回は3人、または4人グループで学習に取り組んだ。教師が主導で学習を進めるのではなく、子どもたち自身がゴールに向かって自分で進んでいけるように支援した。例えば、ウェブサイトを作る際にもまずは自分たちで試行錯誤をして行うようにし、うまく進めることができたグループの工夫については他のグループと共有したり教え合ったりできるようにした。6年生ということで、これまでの学習をいかして学習を進めることを大切にした。

単元指導計画・指導案　（全15時間）

小単元名	時数	主な学習活動	指導上の留意点 （指導の手立て、準備物）	評価方法
であう	2	・私たちの町にはどのような魅力があるか、ウェビングを使って書き出してみる。 ・自分たちが暮らしている町にはどのような魅力があるのかを考え、伝えたい相手、伝えたい場所、発信するメディア（方法）を決める。	・タブレットPC ・単元計画が長いので、調整する期間を設ける。	シンキングツール（関心・意欲・態度）

あつめる	冬休み	・学習の計画を立てる。 ・伝える場所の情報を集める。	・デジタルカメラやスマートフォンで写真を撮ることや寺社仏閣のパンフレットを集める方法を確認しておく。	
せいりする	2	・選んだメディアの特性を基に集めた情報を整理する。 ・集めた情報を関連付け、分類し必要な情報を選ぶ。 ・集めた情報からどのような作品にするかを考える。	・グループでどのように情報を整理したり、関連付けたりするのかということに困った場合は「食」や「歴史」など、カテゴライズすることを提案する。	・データ、ふりかえり（知識・技能）
まとめる	6	・町の魅力の情報を作品としてまとめる。 ・メディアの特性と伝える相手に合わせて、発信する作品をつくる。 ・作品を評価してもらうためのアンケートを作る。 ・友達と作品を見せ合い、アンケートで評価し合う。	・伝える相手によってどのようなメディアがよいかグループで相談し、決定できるように、伝える相手を確認する。 ・アンケートの設定方法やアンケート結果の読み取り方法についても全体で共有する。	・作品（知識・技能／思考・判断・表現）
つたえる	4	・お家の人に作品を見てもらい、アンケートで評価してもらう。	・前回との改善点を強調しながら伝える。	
ふりかえる	1	・アンケート結果を基に作品の改善計画を立てる。 ・私たちの町の魅力を伝える作品を改善し、発信する。 ・自分たちの発信した作品や学習の進め方について振り返る。		・単元のふりかえり（思考・判断・表現）

5．指導上の工夫・学習成果

(1) 効果的な学習を目指して－どのような指導上の工夫をおこなったか

　子どもたちが自発的に学習を進められるように、指導者はコーディネーターに徹することにした。そして、子どもたち同士のつながりを大切にし、話し合うことやアドバイスを

することを促すようにした。教師がクラス全体に指導をしたのは、子どもたちが使う素材の著作権法に関わる留意点と初めて使用する Google フォームなどのアンケートの作成方法や結果の読み取り方を共有する時だった。アンケートは大人用と子ども用に分け、知りたいことを知ることができるように文言の調整をした。例えば、子ども用のアンケートでも保護者用と同じように地名や言葉など初めて読む人に対してわかりにくい言葉でも「読めるだろう」とふりがなや説明もなく書いているものがあった。そこの部分には補足を加え、丁寧に説明することをアドバイスした。子どもたちは自分たちが作った作品に対してアンケートを通じて反応があったことがうれしかったようだ。数値で聞いていることは概ね好評で、自由記述で良いところが書かれていたことが励みになっていた。子どもたち自身は、アンケートに答える側と答えてもらう側の両方を経験したため、相手に配慮した質問の仕方や答え方ができていた。アンケートの結果に肯定的な内容が多かったので、前向きに作品の改善をしていた。

(2) 学習の成果－子どもたちがどのように成長したか、地域や関係機関との連携でうまれたもの、教育活動の成果物、これらの取り組みで学校はどのように変わったかなど

　学習を通して子どもたちは町の魅力を伝えることの喜びや伝えることの難しさを感じていた。振り返りの中で、「自分の町の魅力がしっかり伝わり、ここに行ってみたいとアンケートに書いてもらってうれしかった。」という意見があった。これまでメディア・コミュニケーション科では取り扱わなかったホームページ作成に対しては保護者から、「自分たちでつ

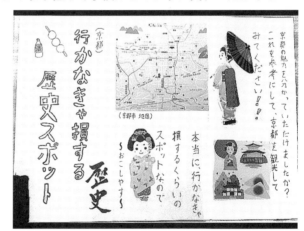

くったのがすごい。」という言葉もあり、作成するのが難しいホームページを上手に作成したことに対して、よいフィードバックがあったことが意欲や学習の満足感につながった。パンフレットなども実際のパンフレットと同じようなクオリティで作成することができていた。

　そして、一つひとつのメディアの特性を知り、相手によってメディアを使い分けることができた。ホームページを作ったグループは多くの人に見てもらいたいという意図があったのでホームページを選択し、パンフレットを作ったグループは実際に手に持って使ってもらいたいという思いがあったのでパンフレットを選択した。

また、町の魅力を伝えるという学習があることにより、今まで気づかなかった自分たちの町の魅力に気づくことができていたようだ。いつも通っている道についての紹介を聞いて、「こんなところに寺社仏閣や名所があるって知らなかった。」という声が聞かれた。最初は、町の魅力って何かわからないと言っていた子も、情報取集後にはどの内容を伝えるかの精査に悩んでいる様子が見られた。

　町の魅力を伝えることをアナログのメディアでも行うことができるが、デジタルのメディアを使うことを通して、操作方法や使う上での留意点などについて学習をすることができた。また、何度も試行錯誤することができるのもデジタルの良さである。著作権法に気を付けながら引用などを適切に行い、それを作品づくりに活かすことはこれからの社会では必要不可欠な能力である。

　また、プログラミング教育が新指導要領の大きなテーマとなっているが、アンケートのデータの処理などはこれからの時代に求められる大切な力であると感じた。メディア・コミュニケーション科として伝えたい相手と内容を意識して自分たちが情報の発信者になることで学ぶ意義は思っていた以上に大きかったと感じた。

本実践の特徴と意義　　　　　　　　　　　　　　　　　　　　　　　池田　恭浩

　この実践の特長をメディア・コミュニケーション科の目標から読み解き、総合的な学習の時間に採り入れるべき点を明らかにしていく。メディア・コミュニケーション科の目標は以下の通りである。「社会生活の中から生まれる疑問や課題に対し、メディアの特性を理解したうえで情報を収集し、批判的に読み解き、整理しながら自らの考えを構築し、相手を意識しながら発信できる能力と、考えを伝えあい・深めあおうとする態度を育てる。」

　まず、この目標と総合的な学習の時間の学習過程「①課題の設定」→「②情報の収集」→「③整理・分析」→「④まとめ・表現」がよく似ていることから、メディア・コミュニケーション科も探究的な学習を目指していることがわかる。さらに、この実践では「あつめる」→「せいりする」→「まとめる」→「つたえる」→「ふりかえる」という過程に沿って学習が進められていたが、この過程は総合的な学習の時間の学習過程を変形したものと捉えることができる。小学校学習指導要領（平成29年告示）解説総合的な学習の時間編（以下、解説）にも、「こうした探究の過程は、いつも①〜④が順序よく繰り返されるわけではなく、順番が前後することもあるし、一つの活動の中に複数のプロセスが一体化して同時に行われる場合もある。およその流れのイメージであるが、このイメージを教師がもつことによって、探究的な学習を具現する

ために必要な教師の指導性を発揮することにつながる。」（解説 pp.114-115.）と記されている。つまりこの実践では、探究的な学習過程のイメージを教師がもっていたからこそ児童の実態にあわせた学習過程を活用した実践をすることがきたと考えられる。このことから、解説に記されている学習過程をもとに、児童の実態にあわせた独自の学習過程を作成して活用することも、探究的な学習をする上で大切になると言える。

　次に、総合的な学習の時間の学習過程①～④それぞれに、メディア・コミュニケーション科の目標を当てはめてみる。そうすることによって、この実践で大切にされていたことがより明確になる。「①課題の設定」に当てはまるのが、「社会生活の中から生まれる疑問や課題」の部分である。この実践では、「自分たちの町のみ力をしょうかいしよう」というテーマが設定された。そしてこのテーマには、「身近であるからこそ気づくことができなかった魅力」という隠れたテーマがあり、このような隠れたテーマがあったからこそ子どもたちがテーマに関心を持ち、さらに疑問や課題を持つことができたのである。解説にも、「日常生活や社会に目を向けた時に湧き上がってくる疑問や関心に基づいて、自ら課題を見付け」（解説 p. 9）と記されているが、ただ「日常生活や社会に目を向ける」だけではなく、この実践のようにテーマ設定をひと工夫することで、子どもたちにとっての必要感が生まれるのである。「②情報の収集」に当てはまるのが、「メディアの特性を理解したうえで情報を収集し」の部分である。この実践では、遠足で実際にその場へ行く（直接見る、写真を撮る）、パンフレットやチラシを集める、タブレット PC を使ってインターネット上の Web ページを検索する（著作権法に気を付ける）、といった方法で情報の収集を行っていた。つまり、様々なメディアを活用して情報を収集していたのである。解説には、「活用する情報機器の適切な選択・判断についても、実際の探究的な学習を通して習得するようにしたい。」（解説 p.52）と記されているが、やはり情報機器だけではなく、広義のメディアとその特性を意識することで、児童が効果的に情報を収集することができると考えられる。なぜなら、基本的に情報はメディアの特性を活かして伝えられるので、メディアの特性をある程度理解しておけば、どのメディアからどういった情報を得ることができるかを予測することができるからである。メディア・コミュニケーション科ではメディアを「対面的な発表」「紙面」「音声や映像」「情報通信ツール」の 4 つに分類し、それぞれの特性を生かして学習を進めている。そこで、総合的な学習の時間にもこういった要素を取り入れることができれば、さらに探究的な学習を充実したものにすることができるだろう。「③整理・分析」に当てはまるのが、「批判的に読み解き、整理しながら自らの考えを構築し」の部分である。解説には、「収集した情報は、それ自体は

つながりのない個別なものである。それらを種類ごとに分けるなどして整理したり、細分化して因果関係を導き出したりして分析する。それが思考することであり、そうした学習活動を位置付けることが重要である。」（解説 p.117）と記されており、この部分に関しては両者に大きな違い見られない。このことから、この部分は探究的な学習にとって重要な部分であることがわかる。また、解説には配慮したい点として、「どのような方法で情報の整理や分析を行うのかを決定する」（解説 p.118）と記されているが、この実践ではその具体的な方法として、「使う情報」と「使わない情報」に整理するという方法が採用されている。この「使わない情報」を決めるという作業が実はとても大切なのである。なぜなら、「使う情報」を決めるより「使わない情報」を決める方が情報を伝える目的をより明確にできることがあるからである。だからこそ、こういった作業を児童に体験させることも重要なのである。「④まとめ・表現」に当てはまるのが、「相手を意識しながら発信できる能力」の部分である。解説にも配慮したい点として、「相手意識や目的意識を明確にしてまとめたり、表現したりすることである。」（解説 p.119）と記されており、この実践でも伝える相手によってふさわしいメディアを考え、選んでいた。ここでも、前述の「メディアの特性」が活かされている。つまり、「メディアの特性」がある程度理解できているからこそ、相手によってふさわしいメディアを選ぶことができるのである。もちろん、こういった選択を繰り返すことによって、「メディアの特性」が理解できるようになるとも言える。ちなみに解説には、「各教科等で獲得した表現方法を積極的に活用することが考えられる。文章表現はもちろん、図表やグラフ、絵、音楽などを使い、それらを組み合わせて表現することなども考えられる。」（解説 p.119）と記されており、メディアを教科横断的に捉えていることがわかる。また解説には、伝える相手を意識することが「情報を再構成し、自分自身の考えや新たな課題を自覚することにつながる」（解説 p.119）と記されている。この部分は非常に重要で、探究的な学習の根幹と言っても過言ではない部分である。なぜなら、総合的な学習の時間の学習における探究的な学習は、学習過程①〜④を繰り返すことによって成り立つのである。そのためには、学習過程④から①をつなぐ必要がある。そして、その時の原動力のひとつが「相手意識」なのである。例えば、この実践では保護者と隣のクラスの友達に発信し、フィードバックをもらい、そのフィードバックをもとに改善を行っている。つまり、発信した相手からのフィードバックが、情報を再構成し、自分自身の考えや新たな課題を自覚することを促していたのである。メディア・コミュニケーション科の学習過程の最後に「ふりかえる」が入っているのは、発信した相手からのフィードバックをもとに必ず改善をするという意志の表れである。その一方で、総合的な学習の時間の学習の実践の中で学

習過程④から①へのつながりをつくることは容易ではない。もちろん時間的な制約の問題もあるが、やはり自分たちの取り組みから新たな課題を見つけることは容易なことではないのである。そこで、この実践のように「ふりかえる」という過程をあえて付け加え、伝えた相手からのフィードバックをもとに改善するという作業を組み込むことは有効な手段のひとつであると言える。

　このように、同じ探究的な学習を展開するメディア・コミュニケーション科の実践の特長を採り入れることで、総合的な学習の時間の学習の実践、特に「情報」をテーマにする場合は、その実践をより有意義なものにすることができるのである。

第7章
環境

伏見を題材にした環境教育

溝部　卓司

はじめに

　京都教育大学附属桃山中学校（以下本校と略す）で総合的な学習が始まったのは、平成10年（1997年）度からである。学習指導要領の改正に先駆けて、第15期中央教育審議会の「第1次答申」とそれに続く教育課程審議会の「中間まとめ」などにおいて「総合的な学習の時間（仮称）」の概略が示されていた。この答申は、この後大きなキーワードとなる「生きる力」が初めて示されたものである。そして、この「生きる力」をはぐくむためには「横断的・総合的な学習」が必要であることが述べられていた。また、「中間まとめ」では、「総合的な学習の時間（仮称）」について、先の答申に加えて、「ねらい」「位置付け」などが示されていた。これらの内容を検討することから本校の「総合的な学習」の構想は始まった。

　先の「中間まとめ」の中には、総合的な学習の「ねらい」として「自己学習力の育成」、「学び方やものの考え方の習得」、「身につけた知識や技能の総合力の育成」があげられており、「学習方法」が重視されていた。そのため構想を進める中で議論の中心になったのが、「学習方法を学ぶ」という学習の進め方であった。それまでの中学校の授業では、そのほとんどが「内容重視」であり、「学習方法」は学習の結果として学ぶということが多かった。部分的には「学習方法」を指導することはあっても、多くの場合は内容の理解より優先されることはなかった。

　もう1つの問題は、学習の「積み重ね」を保証するかであった。全国の附属学校などでは先行研究を様々な形で行っており、発表や報告が行われていた。これらを整理する中で、学年を主体とした「総合的な学習」では、内容や方法について「積み重ね」が進みやすい。一方、テーマや課題は事前設定されていることが多く、生徒が選択する幅は狭められることになる。生徒の選択を保障しながら、学習の内容や方法を深めるために行われていたの

は、タイプの異なる「総合的な学習」を並行して行うという方法だった。滋賀大学附属中学校の「BIWAKO タイム」という「総合的な学習」は、琵琶湖を対象として異学年で編成された小グループが探究学習を進めるというものであるが、同時に「HUMAN タイム」という学年進行型の学習を行っている。前者は琵琶湖について様々な形でアプローチを行う探究学習であり、後者は「人権」や「福祉」などの内容を学ぶものであった。しかし、両者を深く関連付けようという意図は明確には示されてはいなかった。

　今日的な課題、例えば「国際理解」や「環境」は課題自体が総合的で多様な学びを要求しているという認識から、「総合的な学習」においても同一の課題に対して様々な方法・角度・手段からのアプローチを試みることが望ましいと考えた。

　以上のようなことから本校では、「学び」の内容と方法の両面からの質的なレベルアップをめざし、同一課題に対して、学年ごとに学習を積み上げる学年進行型の学習と異学年混在型の学習の2つのアプローチを試みる「総合的な学習」を構想することになった。

1．MET と PREMET

⑴　共通必修と応用選択（MET）

　先に述べたように、2つの学習を並行させる中で、内容は継続的に積み重ねられなければならず、そのためにはこれまでの本校の研究成果や実践をベースにする必要があった。そこで、「環境」「国際理解」「福祉・健康」の3つを「系」と呼び、基本的な学習のテーマとした。（のちに「生き方」が設定された）各教員はこのいずれかに属して、「系」の3年間のカリキュラムを検討することになる。

　本校の「総合的な学習」は3つの学習から構成されている。

---

①共通必修：学年ごとに行われる学習。各「系」の目標や内容を踏まえて、全生徒が共通して学習する内容と方法を設定する。クロスカリキュラムなど教科を中心とした授業や、学級などの特別活動として行う場合がある。

②情報（ION）：上記のほかに別に設定されている。

③選択応用（Momoyama Explorer's Time）：本校では「MET」呼んでいる。授業は異学年混在、縦割りで行われる。生徒は3つの「系」の中に設定される「コース」から自由に選択する。（定員を越えると抽選）共通必修では行えない「総合的な学習」を行う。毎年15程度の「コース」が設定され、2学期を中心に学習が進められている。時間数は、オリエンテーションやまとめまで含めて28時間、通常の活動期間の授業は、2時間続きで行われている。

このような形で始められた「総合的な学習」であるが、その後の学習指導要領の改訂により「総合的な学習」の時間が削減されたため、カリキュラムの見直しが進めれている。しかし、MET については、以前からの 28 時間を基本とした学習が続けられている。

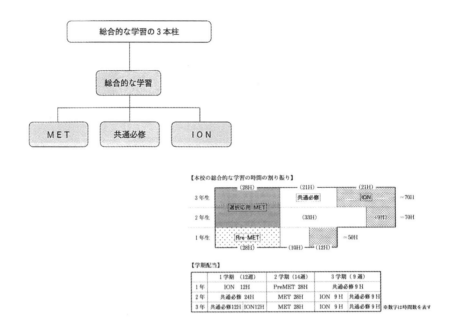

MET の授業計画

日程	時数	主な内容	
第1回	1	全体オリエンテーション	全体で説明を聞く
第2回	2・3	コース別オリエンテーション	各コースに分かれて、学習計画を立てる準備を行う。
第3回	4・5	グループ別　課題設定	グループごとの活動 校外での活動（見学・調査） 図書室や PC 教室
～	～	体験学習　調査活動　講演	
第11回	18・19	整理　検討	
第12回	20・21	発表準備　まとめ作り	
第13回	22・23	コース別発表会	各グループの発表
第14回	24～27	全体発表会	代表による発表
第15回	28	まとめ	振り返りと自己評価

⑵　MET と PREMET

先のような形で始まった本校の「総合的な学習」であったが、いくつかの問題が報告さ

れていた。初期の MET のコース設定では、「インタビュー」、「写真」、「（環境）パトロール」など学習方法を意識したものがあった。しかし、学習方法は共通のものであり、一部コースが優先されるということはできない。このようなことから、各コースが「野鳥」や「紙づくり」といったものを設定するようになった。

　さらにもう1つは、グループによって学年間の交流に差がみられることであった。異学年混在によるグループは、性別やこれまでの関係などで左右され、一部ではあまり機能していない状況があった。このようなことから MET を中心に「総合的な学習」のカリキュラムを見直すことになった。

　平成15年度の1年生から、それまでの MET と並行して PREMET という「総合的な学習」が始められている。これは1年生全体を、「歴史」、「環境」や「産業」など3つ程度のテーマに分け、伏見の地域学習を行うというものである。基本的にはテーマの中で3～5名程度のグループをつくり、テーマに沿った課題を設定し、伏見について探究する形をとっている。歴史に関わる「酒」や「伏見城」といったものを課題に集中すると思われたが、環境を視点にした「水」や「河川」、「生態系」などに興味を持つ生徒は、「環境」コースでさまざまな課題を設定し学習を進めている。

　これまでに行われてきた PREMET の実践から、その特徴を整理すると以下のようになる。

・地域を知る時間や活動を多く取り入れている。

　附属学校の特徴でもあるが、通学範囲が広く、伏見を知っている生徒は少ない。中には初めて伏見に来たという場合もある。そのため、前半部分では見学や講演を取り入れ、地域を知ることを重視している。全体に対して、地域を紹介するクイズや、学校の近隣をフィールドワークするなどの活動が設定されている。

　「環境」の場合、京都市立青少年科学センターや京エコロジーセンターなどで講演を聞いたり、見学したりするだけでなく、宇治川や稲荷山など自然環境を調査する場合もある。このようにして課題を設定する機会をつくることを心がけている。

・「水」をさまざまな視点から探究している。

　伏見の町が酒造りを産業の中心としていることは有名であるが、中学生にとっては「地下水」に注目しがちである。しかし、「環境」のなかの水を考えると、宇治川や桂川、そ

してごみや生態系にも目を向けるようになっている。

・１年生全体として発表の内容や技能が向上している。

　自分たちで調べ、まとめ、発表するという学習活動は良い成果を上げている。上級生に比べてまだまだ改善することは必要ではあるが、１年生であっても発表する資料を作るために、自分たちで工夫するということを積極的に行えるようになっている。以前のように場合によっては見ているだけという状況は確実に減ってきている。

・限られた時間の中で課題設定を進めることの難しさ。

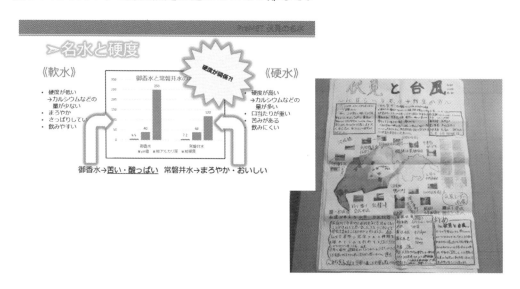

このような学習では、良い課題を設定するには、地域をよく知ることが必要になる。伏見の場合、「歴史」という視点が先に立ち、「環境」からみることは少ない。そのため「環境」では課題設定には苦労することが多い。しかし、生態系やごみ問題などさまざまな課題を設定すると、これまでにはない発見や気づきがあった。

また、「環境」を視点にすることは、実験や観察という方法においても多様な探究が成立するきっかけとなっている。「生態系」という視点から河原の環境を調べたグループが危険外来種のヌートリアを見つけたことなどはこのことを示している。生徒の感想には「時間が足りない」というものが見られる。

PREMETの授業計画（例）

日程	時数	主な内容	
第1回	1	全体オリエンテーション	全体で説明を聞く
第2回	2・3	コース別オリエンテーション	各コースに分かれて、学習計画を立てる準備を行う。
第3回	4・5	グループ別　課題設定	
第4回	6・7	見学　講演など	校外での活動
～	～	体験学習　調査活動	グループごとの活動 図書室やPC教室
第11回	18・19	整理　検討	
第12回	20・21	コース別発表会	
第13回	22・23	学年発表会	各グループの発表
第14回	24～27	全体発表会	代表による発表
第15回	28	まとめ	振り返りと自己評価

(3)　評価

　本校では、「総合的な学習」の記録として、「ノート」を使用している。ポートフォリオ的な要素もあり、生徒と担当の教員との間で授業ごとに配布回収されている。各授業での取り組みをふりかえり、自己評価をすることと、担当の教員からのコメントやアドバイスを聞くことにとって、次の学習を計画するようにしている。あわせて教員は、このノート

◇◆ MET ノート◆◇　　　　◇◆ MET 評価票◆◇

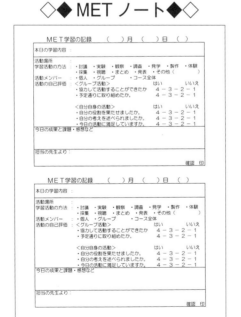

によって学習の進み具合や問題などを把握し、以後の指導に役立てている。

　評価については、図のような「評価票」を作成している。これは、生徒自身の自己評価と担当教員の評価を併記することによって、各自の学習を振り返り、「わかった」ことや「できるようになった」ことだけでなく、自分達のコースやグループが何をねらいとしていたのかを確認することができるようになっている。担当の教員は、本校の「MET」「PREMET」の全体の目標である、「課題を設定・解決する力」「情報を活用・収集する力」「人とかかわることに関する力」の3つを観点として、各回の授業の中での活動を記録している。

　本校では、教科の学習とは異なる「総合的な学習」の違いを明確にするためにこのような取り組みを行っている。教科の学習以外の面からも生徒の成長を見守ることにより、「生きる力」の育成を目指している。

2. 成果と課題

　これまでの内容を整理すると以下のような成果と課題があげられる。

　成果としては先に述べたように、「歴史」中心になりがちな伏見の地域学習において、異なる視点から課題を探求することができ、課題解決の方法が多様になったことである。それぞれの地域には特徴があり、わかりやすい視点からの学習が進めやすい。しかし多様な学びには結び付きにくかった。環境コースを設定したことにより「酒」を産業や文化的な面からだけでなく、「地下水」や「硬度」から考えた生徒がいたことは、このことを示していると考える。このように新しい視点が加わることは、学習する生徒にとっては見方を変えるきっかけになると考える。

　これまでから、「総合的な学習」はさまざまな学習を取り込むように行われてきている。なかでも地域を対象とした学習は直接的な経験を豊かにできるという点からも有効な学習といえる。特に「環境」は「歴史」や「文化」に偏りがちな地域では取り入れるべきであると考える。

　一方課題としては、時間の制約の中で生徒に活動の制限を求めなければならないことである。課題を自由に設定し、自分たちで探究するという学習は積極的に取り組む姿勢を見ることが多い。一方教員の側からは、各授業での一つ一つの取り組みについて設定されて目標に到達することが重視されることになる。「もう少しこだわりたい」や「ここよりは先に進みたい」という生徒の要求とずれを生じることもあり、教員は授業計画全体を見通すことが難しい。残念ながら現状では、生徒の回り道や少しの失敗を受け入れることができる余裕が少ない。

　MET、PREMET という「総合的な学習」を形骸化せずに実践できていることは本校に

とっては大きな成果といえる。これは教員間でさまざまな意見を出し合い、生徒の学習を保障するための方法を検討した結果といえる。「総合的な学習」を考えることは、教員にとっての「総合的な学習」となっている。

本実践の特徴と意義　　　　　　　　　　　　　　　　　　　　　　　　田中　曜次

　平成20年に改訂された『学習指導要領』によって、「総合的な学習の時間（以下、「総合的な学習」)」は削減された。今回の改訂においても教科の授業を重視する傾向に大きな変化は見られなかった。一方、大学の教職課程では、「総合的な学習の時間の指導法」が「各科目に含めることが必要な事項」として明記され、授業が始められつつある。

　これまでから、「総合的な学習」にはさまざまな批判があり、「ゆとり教育」とともに改善すべき対象とされてきた。しかし、その成果について『中学校学習指導要領（平成29年告示）解説　総合的な学習の時間編』では、「総合的な学習の時間の役割はOECDが実施する生徒の学習到達度調査（PISA）における好成績につながったことのみならず、学習の姿勢の改善に大きく貢献するものとしてOECDをはじめ国際的に高く評価されている。」としている。現在多くの小中学校においては、ほとんどの学年で週2時間程度の授業が行われることになり、これまでの成果や課題を踏まえた実践が行われている。

　このような流れの中で、附属桃山中学校も、「総合的な学習」の年間の時間数を、1年生は50時間、2・3年生は70時間としている。以前から比べるとかなり削除された学年もあるようだが、「選択応用」（MET、PREMET）の時間は28時間を確保している。

　ここまでの話の中で2つの疑問が生まれる。それは、

　1　なぜ、「選択応用」（MET、PREMET）の授業数は減らされなかったのか。

　2　「選択応用」（MET、PREMET）中心で「総合的な学習」は充分といえるのか。

この問題について検討することで、本実践の成果と課題について整理したい。

　先に述べたように、「総合的な学習」についてはさまざまな批判がある一方、擁護する声も多い。それは構想段階よりそれぞれの考え方を背景に、「総合的な学習」の目的や方法については議論があった。中でも、生徒の「体験」を重視するか、学習の「内容」を重視するかについては当時から大きな議論となっていた。附属桃山中学校ではこれに加えて、異学年混在ということも含めて議論されている。このような中から、「選択応用」と「共通必修」という2つの「総合的な学習」が計画された。

後者の「共通必修」は、複数の教科が同じテーマを分担して扱うという教科横断的なアプローチが中心であった。学習の内容にかかわることがらと「育てたい力」などを関連付けるクロスカリキュラムなどさまざまな取り組みが行われた。「石垣島の空港建設の問題を通して意思決定能力を育てる」というようなものである。そしてこれらが指導計画の中に位置づけられていった。このように「共通必修」は比較的「小さな学習」の集合体であり、時間数の削減とともに取捨選択されたり、教科や特別活動に吸収されたりしていった。

　それに対して「選択応用」（MET、PREMET）は、報告にもあるように時間数を削減することは、生徒の学習を制限することにつながり、ねらいを損ねることになる。これらのことから現在のような時数が決められたとのことであった。これらがどのように削減されていったのかは本稿の論点ではないが、減らされた「共通必修」はどのように補完されるのかについては検討する内容である。

　先に挙げた「石垣島」の問題は、「産業の振興」と「環境の保全」という価値の対立の中で「合理的な意思決定」を行うことが目的である。このことは他の問題でも扱うことができ、「伏見」に置き換えることは可能である。しかも地域を対象に学習すれば、直接見たり聞いたりすることができる。もちろん適切な教材が必ず存在するかは分からないが、「価値の対立」は程度の違いはあれ、どこにでも存在する。これは１つの例であるが、同じようにさまざまな問題を地域から学ぶことはできるはずである。これまでから、「総合的な学習」はさまざまな学習を取り込むように行われてきている。なかでも地域を対象とした学習は直接的な経験を豊かにできるという点からも有効な学習といえる。特に「環境」は「歴史」や「文化」に偏りがちな地域では取り入れるべきであると考える。

　先の問題の答えはここにあると考えている。附属桃山中学校は「総合的な学習」を構想するとき、さまざまな意見の中から「選択応用」（MET）と「共通必修」という２つの「総合的な学習を考えた。比較的教科の学習に近い「共通必修」を置くことで学習の積み重ねや多様な問題に対応するためであった。」しかし、この２つの「総合的な学習」では多少段差が大きかったために、「共通必修」の基礎部分としてPREMETを設定することになった。このあと「共通必修」が削減されることになったが、削減された部分についてはPREMETの中で行うことが可能となっている。本実践の一番大きな成果はここにあると考える。

　このことは、「選択応用」（MET・PREMET）の時間が減らされなかったことによると考えられる。「総合的な学習」は多様な学びを取り入れることができる。しかし、そのことを担当する教師は充分に理解しているのかは不安な部分が大きい。効率的で

ミスの少ない学びを求めることが良しとされている状況で、生徒が失敗しながらさまざまな学びを試すことが許されるのかは、教師の責任といえる。評価の部分でも述べられたたように、「総合的な学習」では教師と生徒の関係が一段と近くなっている。それだけ責任が重いということもできる。教職課程での「総合的な学習の指導」に関わる授業はこのようなことからもその重要性は増すことになる。

　これからも「総合的な学習」を充実させるためには、「ゆとり」ある時間を保障し、「ゆとり」ある教員が、生徒の「ゆとり」ある学びを保障することが必要といえるのではないだろうか。

第8章
地域の歴史と伝統文化

地域と歩む「伝統文化学習」
──伝統文化体験を活用した「探究的な学び」のあり方──

田華　茂

1．はじめに　～有形・無形の文化財にあふれる地域と結びついた「伝統文化学習」～

　京都市立下京中学校は、京都市の玄関口となる京都駅をはじめ、企業のオフィスや多くの商業施設が立ち並ぶ京都市のメインストリート、四条通・烏丸通沿いの地域を校区とする公立中学校である。

　校区は、京都の交通・経済の中心地としての姿が色濃く見られる一方で、古都の伝統文化を受け継ぐ有形・無形の文化財にあふれる地域でもある。世界文化遺産にも登録される西本願寺や古都の歴史的建造物が数多く残され、毎年、7月には日本三大祭の一つにも数えられる祇園祭の山鉾が立ち並ぶ。京都の食文化を支えてきた中央卸売市場も校区内に位置し、町を見渡すと京料理や和菓子のほか、様々なものづくりに携わる職人の伝統技術や、古くから受け継がれてきた京町家で暮らす人々の営みを見ることができる。

　本校は、2007年（平成19年）4月に下京区内の5中学校が統合されて開校した中学校としての歴史を持ち、開校当初から、統合された各地域の文化的・社会的背景をふまえた特色のある教育活動をもとに様々な実践研究を行ってきた。

　2020年（令和2年）度は、学校教育目標「人の心を大切にし、多様な学びを通して持続可能な社会の担い手を育成する」の実現に向け、後述する「7つの力」を軸とした新たなカリキュラムづくりに取り組んでいる。

　今回、地域の持つ資源を活用した「体験的な学び」を「探究的な学び」へと発展させ、新学習指導要領で求められる「深い学び」の実現を目指す本校の「伝統文化学習」の取り組みを紹介する。

２．「伝統文化学習」の学習指導計画

⑴ 「総合的な学習の時間」で獲得を目指す「７つの力」

　本校では、キャリア教育の視点から「生徒一人ひとりが『ありたい姿を実現する』ための力」として、以下の「７つの力」を身につけることを学校教育目標の重点課題としている。

　カリキュラムづくりにおいては、生徒が「７つの力」を身につけるには「探究的な学び」の学習プロセスが重要と考え、「総合的な学習の時間」を「７つの力」を育む中心的な活動として位置づけている。

⑵ 「伝統文化学習」の位置づけ〜「総合的な学習の時間」における４つの学習領域〜

　本校の「総合的な学習の時間」では、「人権学習」・「伝統文化学習」・「探究学習」・「生き方の学習」の４つの学習領域を設定している。

　今日紹介する「伝統文化学習」は地域とのつながりの中で、様々な体験的な学習を行っている。この学習を通じて地域に開かれた学校づくりとともに、地域社会に貢献し、地域社会とともに成長できる生徒の育成を目指している。

　４つの学習領域は、相互に関連しており、「伝統文化学習」を通じて、自らが暮らす地域の伝統文化を尊重し、よりよい地域社会づくりを進めるためには何が必要かを考えていく活動は、「探究学習」へと発展し、また、地域で活躍する人々の姿にふれる体験は、将来の姿を見つめる「生き方学習」の活動につながる。

　「伝統文化学習」の学習活動は、３年間の継続した学びの視点をもって各学年の学習課題を設定し、「体験を通じた学び」から「探究的な学び」のきっかけとなる「問い」と、学習のふりかえりを通じて、より「深い学び」を導くことを目指している。

⑶ 「伝統文化学習」の年間計画

　本校の年間計画では、各学年ともに「伝統文化学習」を年度前半の６月〜７月に取り入れている。

　この時期に本校が「伝統文化学習」を行う主な理由には、以下の３つがあげられる。

１．７月に行われる祇園祭に合わせて「浴衣登校」の取り組みを行うこと。

２．８月以降に「伝統文化学習」で学んだ経験を学校祭の取り組みへと発展させることで、生徒が「自己表現力」を身につける機会を得られること。

３．地域を題材にした「伝統文化学習」の学習課題は、多くの生徒にとって小学校から取

資料 9-1　京都市立下京中学校 学校教育目標・経営方針
生徒に身につけさせたい「7つの力」

2020 (R2)　Grand Design

校是

⚓ 志　きらめく
Art Science Toughness

教育目標

人の心を大切にし、多様な学びを通して

持続可能な社会の担い手を育成する

『人の心を大切する』
① 自分を大切にする　　・自分の命や健康を大切にする
　　　　　　　　　　　　・自分の夢，目標や意見を大切にする
② 他の人を大切にする　・相手を気遣う優しい心と思いやりの心をもつ
　　　　　　　　　　　　・違いを認め尊重し，共感的人間関係を築く
③ 自分の考えを伝え、相手の気持ちを理解する
　　　　　　　　　　　　・コミュニケーションのある居場所づくりを行う
　　　　　　　　　　　　・支え合い高め合う集団づくりを行う

多様な学び

『持続可能な社会の担い手の育成』・・・7つの力の習得
（主体性・自己表現力・創造力・論理的思考力・問題解決力・協働力・忍耐力）

目ざす生徒像

豊かな感性、表現力、創造力のある生徒	論理的に真理を追究し、知性あふれる生徒	社会のため、自身の夢に向かって、果敢に挑戦できる生徒
Art	Science	Toughness

自己表現力	創　造　力	論理的思考力	問題解決力	協　働　力	忍　耐　力

主　体　性

目ざす学校像

○多様な立場や考えを認め合い，安全で安心して楽しく過ごせる学校
　◇心に寄り添う共感的人間関係の育成，いじめや差別を許さない人権教育
　◇不登校や個別の課題への組織的な対応，すべての生徒への公正な支援
　◇社会の一員としての自覚や社会のために尽くす精神の育成
○「分かった・できた」と実感できる授業改善に挑む学校
　◇資質・能力の育成を目ざした主体的・対話的で深い学びの授業デザインの確立
　◇自ら学ぶ力，自ら律する力を高める活動
　◇ロールモデルとしての学び続ける教職員の姿勢
○「子どものために」人々が集う地域のプラットフォームとしての学校
　◇地域に根付く伝統や文化を学び，地域とつなぐ教育活動
　◇地域からの支援に感謝し，地域への誇りにつなげる交流
　◇地域の次代の担い手としての自覚と意欲につながる地域活動への参画

多様な学び ▶ 教科授業・道徳・総合的な学習（人権・探究・伝統文化体験・生き方学習）
学校行事（ゆかた登校・学校祭・校外学習等）・学級活動・生徒会活動・部活動　等々

京都市立下京中学校（京都市立下京中学校　学校長　山田　敦 作成）、https://cms.edu.city.kyoto.jp/weblog/
files/201803/doc/101378/3515912.pdf,（入手日 2020-06-11）.

り組んできた身近な課題であり、関心も持ちやすく、生徒自身が学習のつながりと見通しを持って取り組むことができること。

(4) 各学年の学習課題

　次に年間を通じた各学年の「伝統文化学習」の学習課題を紹介する。

　第1学年では、体験を通じた学びをもとに「地域社会に根づく伝統文化を知ること」と、「伝統文化が地域社会に果たす役割を探ること」を学習課題として設定している。「伝統文化学習」は、小学校からの取り組みを継続する学習活動でもあり、生徒たちの問題意識も高く、様々な見方や考え方を働かせながら自らの意見をつくりあげる活動へと展開させるための導入となることから、他学年と比べて取り組み時間数を多く設定している。

　第2学年では、「伝統文化の継承」を視点とした学習課題を設定している。第1学年での学びをもとに、伝統文化が地域社会において果たす役割をどのように継承し、発展させていくべきなのか、日常生活と伝統文化のつながりから考えていく活動となる。

　第3学年では、観光産業や経済、地域社会の課題をとらえ、「今後のよりよい地域社会づくり」の視点から伝統産業のあり方や発展の方向性を探ることを学習課題として設定している。

　第3学年の取り組みは、社会科公民的分野の学習など、他教科の学習を通じて得た知識や考え方、これまでの職業体験などの経験などをもとにして、今後のよりよい地域社会のあり方を創造し、自らの意見を組み立てて発表できる力を養うことが大きなねらいとなる。

資料9-2 「2019年度 総合的な学習の時間」の全体計画

(第1学年 50時間　第2学年 70時間　第3学年 70時間 〈合計 190時間〉)

Ⅰ期

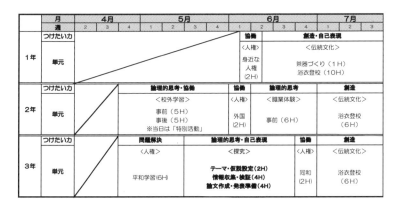

月		4月	5月	6月	7月
1年	つけたい力			協働	創造・自己表現
	単元			〈人権〉 身近な人権(2H)	〈伝統文化〉 茶器づくり(1H) 浴衣登校(10H)
2年	つけたい力		論理的思考・協働	協働 / 論理的思考	創造
	単元		〈校外学習〉 事前(5H) 事後(5H) ※当日は「特別活動」	〈人権〉外国(2H) / 〈職業体験〉事前(6H)	〈伝統文化〉 浴衣登校(6H)
3年	つけたい力		問題解決	論理的思考・自己表現 / 協働	創造
	単元		〈人権〉 平和学習(6H)	〈探究〉テーマ・仮説設定(2H) 情報収集・検証(4H) 論文作成・発表準備(4H) / 〈人権〉同和(2H)	〈伝統文化〉 浴衣登校(6H)

Ⅱ期

月		7月	8月	9月	10月	11月	12月
1年	つけたい力	創造・自己表現			忍耐・論理的思考・問題解決	創造	問題解決
	単元	〈伝統文化〉学校祭文化の部(伝統文化の目的を意識した作品づくり)			〈ファイナンスパーク学習〉 事前(6H) 当日(5H) 事後(5H)	〈伝統文化〉茶道体験(3H)	〈人権〉講話(1H) 障碍(2H)
2年	つけたい力	創造・自己表現		忍耐・協働・自己表現		創造	問題解決
	単元	〈伝統文化〉学校祭文化の部(伝統文化の目的を意識した作品づくり)		〈職業体験〉当日(25H) 事後(4H) ※事前訪問・交通費精算・お礼状書き等は「特別活動」		〈探究〉仮説設定 情報収集(4H)	〈人権〉講話(1H) 外国(2H)
3年	つけたい力	創造・自己表現	自己表現	協働・創造	忍耐・協働	創造	問題解決
	単元	〈伝統文化〉学校祭文化の部(伝統文化の目的を意識した作品づくり)	〈探究〉発表会(2H)	〈学校祭劇〉人権を意識した劇(10H) ※学校祭までにまとめ取り	〈進路関連学習〉進路についての基礎学習(4H) 大学&専門学校訪問(事前事後各2H) ※学校訪問当日は「特別活動」 生徒による相互面接&進路写真(3H)	〈卒業取組み〉卒業にむけた文集作成等(4H)	〈人権〉講話(1H) 同和(3H)

Ⅲ期

月		12月	1月	2月	3月
1年	つけたい力	問題解決	論理的思考・協働・自己表現		協働
	単元	〈生き方〉将来の自分(自らのキャリアを考え、次年度につなぐ)	〈しごと場訪問〉 事前(4H) 2年生見学(2H)	当日(2H) 事後(3H) 発表会(2H)	〈人権〉性(2H)
2年	つけたい力	問題解決	問題解決・自己表現		協働
	単元	〈生き方〉将来の自分(自らのキャリアを考え、進路につなぐ)	〈探究〉検証・まとめ(6H) 発表会(2H)		〈人権〉ジェンダー(2H)
3年	つけたい力	問題解決	論理的思考・自己表現	協働・創造	協働
	単元	〈生き方〉将来の自分(自らのキャリアを考え、未来につなぐ)	〈人生宣言〉卒業後の人生・社会を考える取り組み(3H) 人生宣言(人権宣言)(4H)	〈卒業取組み〉卒業前行事等(6H)	〈人権〉人権講演(2H)

資料 9-3 「伝統文化学習」の年間計画

第1学年 「伝統文化学習」における学習計画（全18時間）

時数	活動時期	学習課題	指導上の留意点	他教科・他分野とのつながり
1	5月	○　伝統文化体験学習に向けて 京都らしさが伝わる伝統文化にはどのようなものがあるのかをテーマにそれぞれが興味・関心にもとづき、お互いに紹介する。 （例）祇園祭・京町家・茶道… <div style="text-align:right">発表</div>	○　生徒から出てきた意見を取り上げて、3年間の学習で特に関わりのあるものを中心に全体に紹介し、今後の学習の見通しをもたせる。 【今後の学習活動となる内容】 祇園祭・浴衣・茶道 百人一首・和食（京料理） チャレンジ体験（職業体験）、 　　　　　　　　　　　など	社会科 身近な地域
2 ・ 3	6月	○　茶器づくりに挑戦 美術の時間で作成したデザインをもとに秋の茶道体験で使用する茶器をつくり、模様を描く。 体験 （講師）地域団体	○　茶器はこの時間内で完成するように指示し、できたものは回収する。 →業者に依頼し、夏休み中に窯で焼く。	美術科 茶器についてデザイン指導
4	6月	○　祇園祭について調べよう 浴衣登校の日に校外に出て見学する祇園祭について調べ、当日の活動予定を立てる。 <div style="text-align:right">情報収集の技能</div>	○　情報収集の活動の際に生徒がタブレット端末を活用できるように準備しておく。	技術科、他 情報機器の活用
5	7月	○　浴衣を知ろう 　　〜浴衣の着付けを学ぶ〜 浴衣登校に向けて、浴衣の由来、帯などの名称、帯の結び方などを学び、浴衣の着付けを実際に体験する。 体験 （講師）地域女性会	○　浴衣の扱い方や大切にしなければならないことに注目させる。	家庭科 伝統的な衣服
6 ・ 7 ・ 8	7月	○　浴衣登校 　　〜祇園祭の山鉾を見に行こう〜 地域の方々の協力を得ながら、浴衣で過ごす1日を体験する。 浴衣を着て、実際に町に出かけ、立ち並ぶ祇園祭の山鉾を見学しながら、事前学習で調べたことを確認する。 体験 （協力）区役所、地域女性会、地域青年会	○　クラスごとで移動するように伝える。 ○　実際に見て感じたことや疑問点、気になることを大切にしながら、見学することを伝えておく。	生徒会活動 ・文化委員会 浴衣貸出、整理 ・環境委員会 打ち水
9	7月	○　浴衣登校をふりかえって 見学してわかったことをまとめ、自らの意見を発表できるようにレポートにまとめる。 <div style="text-align:right">自己表現・課題の発見</div>	○　祇園祭を実際に見たことで感じた疑問点や気になったこと（今後の課題）をつかませる。	探究活動

10・11	11月	○　茶道を体験してみよう 自ら絵付けした茶器で茶道を体験する。茶道を通じて礼儀・作法の考え方を学ぶ。 　　　　　　　　　　　　体験 （実技指導）裏千家・地域女性会 　　　　　（場所）　渉成園	○　さまざまな動作や作法に、どのような人をもてなす心が込められているのかを体験を通じて確認させる。	道徳 伝統文化の尊重
12	11月	○　京料理に挑戦しよう 地域で活躍する京料理の職人さんの実技指導のもと、魚の調理を行い、京の食文化の工夫を学ぶ。 　　　　　　　　　　　　体験 （実技指導）京料理 乙文 　　　　　（場所）　本校調理室	○　京料理でつかわれる食材や調味料などに注目しながら、京都の食文化における人々の工夫のようすを読み取る。	家庭科 調理実習
13	2月	○　しごと場訪問に向けて 地域で活躍する職人さんのしごと場を訪問する際のインタビュー計画を立てながら、インタビューで情報を得るために必要なことを学ぶ。 　　　　　　　情報収集の技能	○　やりがいや仕事に込めた思い、今後の目標、仕事を続けていく上での課題、現在の仕事を取り巻く環境など、自らのキャリア展望や今後の探究活動につながるようなインタビューとなるように指導する。	生き方学習 探究学習
14・15・16	3月	○　しごと場訪問にでかけよう 地域で活躍する職人さんのしごと場を訪問し、計画にしたがって実際にインタビューを行う。 　　　　　　　情報収集の技能	○　見学した仕事が、自分たちの日常生活のどのような場面と関わっているのかを考えさせる。 ○　他人の質問内容も含めて、メモをとるように指導する。	生き方学習 探究学習
17	3月	○　しごと場訪問のふりかえり 地域で活躍する職人さんの仕事を通じて、感じたことやインタビューの結果をまとめ、ポスター発表に向けて準備する。 　　　　　　　情報収集の技能	○　ふりかえりの中で、仕事を行う上で大切にすべきことや、地域の伝統文化を取り巻く課題をつかませるように指導する。 ○　これまでに探究学習で学んできた手法をもとに発表計画を立てさせる。	生き方学習 探究学習
18		○　ポスター発表をしよう しごと場訪問で学んだことについて作成した資料をもとにポスター発表を行う。 　　　　　　　　　　自己表現	○　これまでに探究学習で学んできたこと（2・3年生の発表の見学など）を確認しながら、発表時間や質疑応答時間に注意してポスター発表させる。	生き方学習 探究学習

第2学年 「伝統文化学習」における学習計画（全6時間）

時数	活動時期	学習課題	指導上の留意点	他教科・他分野とのつながり
1・2	6月	○ 浴衣登校に向けて 探究学習との関わりの中で、伝統文化を尊重することの意義と地域の伝統文化の継承に関わる課題について考え発表する。 　　　　　　　　　　　　　発表	○ 昨年度のファイルを継続して使用し、「伝統文化学習」で経験したことを振り返りながら、伝統文化を取り巻く現状と課題を考察させる。	社会科 身近な地域
3・4・5	7月	○ 浴衣登校 〜百人一首大会〜 地域の方々の協力を得ながら、浴衣で過ごす1日を体験しながら、校内（室内）で活動を行う。 　　　　　　　　　　　　　体験 （協力）区役所、地域女性会、地域青年会	○ 事前に国語科の授業や特別活動の時間で、百人一首についての説明および体験を行う。	生徒会活動 ・文化委員会 浴衣貸出、整理 ・環境委員会 打ち水 国語科 古典文学
6	7月	○ 浴衣登校をふりかえって 浴衣で過ごした1日をふりかえり、より日常的に伝統文化と関わるためにできることを考え、レポートを作成する。 　　　　　自己表現・課題の発見	○ 体験を通じた伝統文化のよさに気づかせるとともに、日常生活でこれまでに体験した伝統文化を取り入れるために課題となることに気づかせ、その課題をどう克服すればよいのかを考えさせることで探究的な活動に結びつける。	探究活動

第3学年「伝統文化学習」における学習計画（全6時間）

時数	活動時期	学習課題	指導上の留意点	他教科・他分野とのつながり
1	6月	○ 浴衣登校に向けて これまでの学習との関わりの中で、伝統文化を尊重することの意義と観光客の増加など京都の観光産業との関わりについて考え発表する。 　　　　　　　　　　　　　発表	○ 昨年度までのファイルを継続して使用し、「伝統文化学習」で経験したことを振り返りながら、観光都市としての地域のあり方を視点として、伝統文化や地域社会を取り巻く現状を考察させる。	社会科 身近な地域 地方自治
2	7月	○ 地域創生キャンペーンのキャッチフレーズを考えよう 京都を訪れる観光客に向けて、今年度の浴衣登校で行う地域創生キャンペーンに向けて、この地域のよさを紹介するキャッチフレーズを考える。	○ 学級代表委員を中心にクラス単位で、キャッチフレーズを募集し、自治的に話し合い活動をすすめ、キャッチフレーズを決定する。	美術科 地域創生キャンペーンのデザイン 国語科 キャッチフレーズについて

3・4・5	7月	○　浴衣登校 　　～地域創生キャンペーン～ 地域の方々の協力を得ながら、浴衣で過ごす1日の中で、校外に出かけ、自分たちで考えたデザインとキャッチフレーズを取り入れたポケットティッシュを配りながら、観光都市としての地域の姿について考える。 　　　　　　　　　　　　[体験] （協力）区役所、地域女性会、地域青年会	○	事前に英語科の授業で海外からの観光客にポケットティッシュを渡すときのシミュレーションを行っておく。	[英語科] 海外の観光客に地域を紹介するコミュニケーショントレーニング [生徒会活動] ・文化委員会 浴衣貸出、整理 ・環境委員会 打ち水
6	7月	○　浴衣登校をふりかえって 浴衣で過ごした1日をふりかえり、改めて感じた地域のよさと今後の地域社会の望ましい姿について、自らの意見をレポートにまとめる。 　　[自己表現]・[課題の発見]	○	体験を通じて、気づいた地域の姿から、今後の地域社会が発展していくために考えるべきことを提案させ、今後の探究活動などへと発展させる。	[探究活動] [社会科] 地方自治

3．指導上の工夫とポイント

⑴　他教科とのつながり

　「総合的な学習の時間」の4つの領域において目指す学習課題を追究していくには、準備やふりかえりにおける時間を十分に確保していく必要があるため、各単元または授業で達成しようとする学習課題を、他教科や他分野の様々な活動と結びつけ、包括的な視野に立って学習課題を追究する視点でカリキュラムづくりを行っている。以下に「伝統文化学習」と各教科の学習のつながりの例を紹介する。

活動内容	関連教科	関連する学習課題	具体的な内容
浴衣登校 （第1学年）	美術科	和のデザイン	・金粉の技法を活用したうちわの制作 　（うちわは浴衣登校時に身につける）
	家庭科	伝統的な衣服	・和装、浴衣の学習
	社会科	身近な地域	・地図、資料の読み取りと活用 ・古都 京都の伝統文化と文化財
浴衣登校 （第2学年）	国語科	文学作品（和歌）	・百人一首を通した和歌の学習 ・短歌づくり
浴衣登校 （第3学年）	美術科	ポスターデザイン	・地域創生キャンペーンのデザイン画制作
	英語科	コミュニケーション	・海外からの観光客に京都を紹介する
	社会科	地方自治	・地域社会と観光産業のあり方についての提言書づくり
茶道体験	美術科	陶芸作品	・茶器づくり（制作した茶器は茶道体験で使用する）
和食体験	家庭科	調理実習	・京料理の技法を用いた調理実習

⑵ 「伝統文化学習」からの展開

　「伝統文化学習」の目的は、体験することだけではなく、体験を通じて感じたことをもとによりよい地域社会のあり方を考え、それを支えようとする態度を身につけることにあり、ここに「探究学習」や「生き方学習」とのつながりが生まれてくる。

　指導する際には、「総合的な学習の時間」の他の学習領域とのつながりを生徒に意識させるため、「総合的な学習の時間」の全体を見通したワークシートなどの教材を活用し、指導を展開することを意識している。

⑶ 「思考ツール」・「タブレット端末」の活用

　「体験を通じた学び」から、より「探究的な深い学び」を実現するためには、「思考ツール」と呼ばれるワークシートの活用や、情報収集や意見交流のための「タブレット端末」の活用といった技能も求められる。（このような技能を様々な場面で活用することができるように、教科教育、学校活動全般を通じて必要な技能を身につけさせることを教育活動全般において意識している。）

⑷ 　学習のまとめと発表

　取り組み後は、各学年で設定された学習課題をもとに自ら「問い」を立て、活動内容をふりかえり、気づきや意見をレポートにまとめ、お互いの意見を学級内で交流する時間を設定している。

　例えば、第1学年では、「しごと場訪問」の取り組み後、伝統文化が地域社会において果たす役割やしごとが持つ意味、伝統文化産業を取り巻く課題、といった学習課題をグループ単位で設定して、ポスターにまとめ、学年全体でポスター発表会を行っている。

4．成果と課題

⑴ 「伝統文化学習」における生徒の学び

　地域と一体化した特色ある「伝統文化学習」によって、生徒たちは何を学び、どのような意識の変容をもたらしているのだろうか。以下に、卒業生に「伝統文化学習」の中核となる浴衣登校における3年間の経験を振り返ってもらい、学んだことや地域の伝統文化に対する現在の思いを綴ってもらった文章を紹介する。

資料9-4　「伝統文化学習（浴衣登校）」での学び　（2019年度卒業生より）

「浴衣登校での学び」

　浴衣を初めて自分で着たのは中学1年生の着付け教室でした。京都で暮らしているので、浴衣姿の人を見る事はありましたが、自分で浴衣を着るというのは学校の浴衣登校の取り組みがなければきっとなかったのではないかと思います。僕は祖父の浴衣を借りたのですが、家に浴衣や帯が揃っていることに驚いたことを覚えています。

　毎年、浴衣登校では、校長先生を始め、地域の方々からいろいろな話を聞くことができました。1年生では、クラス全員で山鉾を見学し、それぞれの山や鉾のいわれなどを学びました。山鉾ごとに御利益の粽やグッズがあったりして楽しかったです。学校の取り組みとして、自分で着た浴衣で祇園祭を周りながら知るというのは新鮮で、なんとなく幼い頃から毎年訪れていた祇園祭とは全く違った楽しみ方を知り、祇園祭に対して見る角度もこの日から変わりました。

　2年生では、浴衣姿と百人一首といった伝統文化を1度に楽しんだ日になりました。そして、3年生では、自分たちで京都の思いを込めたメッセージカード入りのティッシュを作成し、四条烏丸での街頭配布を行いました。浴衣登校で配布されるティッシュを他府県の方や外国の方が喜んで受け取ってくれたことが嬉しかったです。

　コロナウィルスが世界で流行している今、祇園祭で疫病除けを思う気持ちはありますが、今年は中止の方向だと知り残念でなりません。浴衣登校から学んだ祇園祭や伝統文化でしたが、人生でそれらを体験し、理解を深める機会は、なかなかあるものではないです。下京中学校に通い、浴衣登校の日に各先生を始め、地域の方々、PTAの方々に教えていただけたことで、浴衣や祇園祭が自分の中で以前より身近なものになりました。毎回たくさんの写真も撮っていただいたのも良い思い出です。本当にありがとうございました。

「伝統文化を受け継ぐ浴衣登校の取り組み」

　下京中学校の夏の恒例行事である浴衣登校。先生方も含めた全員が浴衣姿となって1日を過ごします。多くの人にとって、和の文化に触れる貴重な機会となります。ここでは、僕が3回の浴衣登校で経験したことをもとに、考えたことなどを交えながら書いていきます。

　まず、1年生の時は、祇園祭の鉾を観に行きました。すでに屋台もいくつか設置されていたので、道中はおいしそうな匂いに誘われました。このときの浴衣登校で初めて、または久しぶりに浴衣に袖を通したという人も多かったと思います。みんな初めはやはりそわそわしていました。

　2年生では、百人一首。上級、中級、初級に分かれて、100枚の札を取り合いました。友達と浴衣姿で百人一首を行うというのはなかなかできないことだったと思います。百人一首にあまり詳しくなくても、友達同士だと思っている以上に楽しいものです。

　3年生の時は、四条烏丸まで足を運び、ポケットティッシュを配りました。これは積極的に渡していかないと、手持ちがなかなかなくなりません。もちろん日本人ばかりでなく、外国人もたくさんいます。イケメンの外国人に渡すことができて喜んでいる人や、タイミングがつかめずなかなか受け取ってもらえない人もいました。

　僕が3年間で浴衣を着たのはその3回だけですが、浴衣を着た感想としては、涼しい、軽い、柔らかいというふうに感じました。浴衣は、腰以外は開放感があって気持ちよかったです。また、普段見ることができない先生や友達の姿を見ることができ、新鮮な気分になれる1日です。

　京都は長らく都であったので、和の文化とは密接に関わっています。寺社仏閣も密集しています。歴史がとても濃密です。「密閉」は思いつかなかったのですが、ある意味京都は和の三密状態なのです。浴衣登校は、その濃密な歴史と文化を受け継ぐ責任を担っていることを感じるきっかけになりました。和の伝統を肌で感じて後世に受け継いでいくために、ぜひ身近なところからでも和の文化に触れてみてください。折り紙などもたまにすると楽しいですよ。

資料9-5　制作された浴衣登校「地域創生
キャンペーン（第3学年）」のデザイン画

(2)　今後の課題

　卒業生の作文にも示されているように、地域と一体化した特色ある「伝統文化学習」は、生徒たちにとっても、学校文化に誇りをもつ取り組みとなっている。例えば、生徒会のメンバーたちは、中学校の取り組みを紹介する中で真っ先に「浴衣登校」の取り組みを紹介し、地域への思いを語る。学校祭においても、毎年のように京都らしさと伝統文化にこだわりを持った作品をつくりあげてきた。

　また、地域の人々にも活動する生徒たちの姿を公開していくことで、より多くの地域からの協力を得る結果にもつながっている。例えば、ポスター発表の場面では、地域の人々が参観できるようになっており、生徒たちと直接対話しながら、思いや考えを共有する機会にもなっている。

　このような地域と一体化した教育活動は、自分たちの暮らす地域を大切にし、誇りを持つ生徒としての姿を育てることにつながり、学校教育目標である「人を大切にし、多様な学びを通して、持続可能な社会の担い手を育成する」の実現に一定の成果をもたらしている。

　今後の課題は、「伝統文化学習」を「体験を通じた学び」から「探究的な学び」へと発展させていくための手立ての検討である。「探究的な学び」には、活動のふりかえりを通じて生まれる「問い」が求められるが、個人内のふりかえりが中心となっている現在の活動を、どのようにして他者と意見を交流し、地域社会のあり方を考えていく活動へと発展させていくか、この部分については、まだ試行錯誤の段階である。

　今後、「7つの力」として明確化した力を育むためにも、より「探究的な学び」のスタイルを追求していく必要があると考えている。他教科とのつながりの中で、活動時間を調整しつつ、カリキュラムづくりにおいて大切にしたい点でもある。

　　　　　　　　　　　　　　　　　　　　和崎　光太郎

　本実践例の特徴は、「伝統文化学習」の内実を「『体験を通じた学び』から『探究的な学び』へとどれだけ昇華させることができるか」、というところにある。その昇華度合いによって、この学習のねらいである「7つの力」の習得達成度合いが大きく左右されるであろう。また、3年間の継続学習（ただし第2・3学年時は主に7月）であることから、この「探究的な学び」が中学生の自己形成過程に大きく組み込まれる可能性も秘めており、学習した成果はもとより学習するプロセスそのものが「生き方学習」としての意義を有するであろう。

　周知のように、2022年度から全国の高等学校普通科が改革され、主に普通科、学際融合学科、地域探究学科の3科に再編されることが決まっている。加えて、京都市には1990年代末に全国の公立高校に先駆けて普通科型の専門学科である「探究科」を創設した京都市立堀川高等学校があり、「探究」という言葉は他地域よりも浸透している。この実践例には、これからの高等学校‒中学校のカリキュラム接続を考える上でも貴重な成果を出し、かつその先駆けとなった京都市の教育の「今」を全国に発信するという意義もある。

地域を教材にするということ

　1989（平成元）年の学習指導要領が出されて以降、社会科における地域学習の比重が高まり続けた。一方で、同時進行で全国的に学校統廃合が進んだ結果、それぞれ異なる特色を持つ地域の生徒が同じ中学校に通うようになり、結果として「様々な地域を包摂した広範囲の校区の中で一律の地域学習をしなくてはならない」という矛盾の表出が進んでいる。もはや「総合的な学習の時間」は2000年代ほどの耳目を集めるものではなくなりつつあるが、この「矛盾」への教育的対応は近年重厚感を増した学習指導要領に従っていては社会科のみでは不可能に近く、「総合的な学習の時間」の有効活用こそが鍵になる。本実践例には、このような学校統廃合後の地域学習における「矛盾」の解決を考える上での意義深いヒントも散りばめられている。

　祇園祭が行われる7月は、四条通など京都の市中では笙が奏でる和音が耳に入るようになり、独特の雰囲気が漂う。祇園祭は、現在は「京都の祭り」という認識が一般的であろうが、その源流は下京の祭りであり、上京と下京が別の街として発展していった中世から近世末期の「下京」における町（ちょう）文化の名残を多く有している。この意味において、祇園祭は下京中学校での地域学習における格好の素材ではあるのだが、下京中学校の通学区内には古来の「下京」ではない地域もあり、それは生徒自

身が（薄々とではあるかもしれないが）わかっていることであろう。

　上記はあくまで一例にすぎず、この地域差の問題をどのようにクリアするのかというのは地域学習を進める上でどこの中学校でも抱えうる問題であり、この問題をクリアする過程が教員としての腕の見せどころとなる。生徒の居住する「学区」（中学校区とも小学校区とも異なる、自治組織としての「学区」）または町によって祇園祭への温度差が必然的にあり、それを無視することも、過剰に意識することも憚られ、この温度差への対応方法が重要になる。

「伝統」と地域ナショナリズム

　各学年での学習課題は、非常に練られた深い内容であり、かつ個々の生徒の特性に柔軟に対応できるものになっている。出身小学校における小学3年時以降の地域学習からの継続性が重要であり、かつ地域の文化を把握するにあたり「伝統」という抽象的な概念による認識がなされていく年頃であることから、生徒が偏狭的・排他的な地域ナショナリズム[1]に陥らないための工夫が教員に要求されよう。特に第1学年においては、京都市立洛央小学校・京都市立下京渉成小学校という下京中学校区内の2つの小学校における教育実践との連携に意を用いられていることであろう。第2学年以降は、「日常生活と伝統文化とのつながり」における「日常生活」とはそれぞれの生徒において一体どのような生活であるのか、それらが「伝統」として語られる文化とどのように接続し、第3学年時にどのような「よりよい地域社会」を想定し得るようになるのかという視点も、このような「総合的な学習の時間」を実施する際の留意点である。

年間計画について

　年間計画において評価すべき点は、最終的には学習内容を自らの意見として発表することが逆算的に盛り込まれていることであろう。体験から探究へという筋道が、年間計画の背景にきちんと通っていることがうかがえる。

　例えば第1学年においては、個々の生徒の意見を尊重して全体に紹介することで今後の学習への見通しを立たせること、社会科のみならず他教科との連携も複眼的に盛り込まれていること[2]、見学が単に「見て学ぶ」にとどまらず、疑問点や気になる点への留意がなされていること、体験と現場の重視、経過地点としてのポスター発表などが注目に値する。本校の「ゆかた登校」は、もはや通学区内の風物詩にもなっており[3]、生徒は「小さいころから見ていたゆかた登校を自分もできた」という満足感を得ることができ、その満足感が自己肯定感につながっていくことも期待もできる。

地域社会を学び、支えるということ

　本実践例には、最終到達地点の一つに地域社会を支える市民の育成がある。実はこの到達地点こそが、日本で最初の学区制小学校として明治2年に京都に64校誕生した番組小学校 [4] から150年にわたり引き継がれた教育目標である。下京中学校も番組小学校にルーツを持つ学校の一つであり、今後に期待したい。

注
1) 地域ナショナリズムとは、本来はヨーロッパ共同体内またはヨーロッパ国内における民族独立運動を語る文脈で用いられる用語であるが、本稿では地域に帰属するナショナリズム的な心情のことを意味する。
2) 「③指導上の工夫とポイント」における「他教科とのつながり」も参照。もう一段階踏み込み、教科間でのクロスカリキュラムを構成すると、より良い教育内容になるであろう。
3) 筆者は2011年4月から2018年3月まで下京中学校の校区内にある京都市学校歴史博物館に勤めており、「ゆかた登校」が地域ぐるみでの実践という意味でも成功しているという話を2015年頃に村上幸一校長（当時）からうかがったことがある。
4) 京都市学校歴史博物館編『学びやタイムスリップ　近代京都の学校史・美術史』京都新聞出版センター（2016）。

第9章
キャリア教育

企業や大学と連携した
課題解決型学習を取り入れたキャリア教育

菊井　雅志

1．はじめに

　総合的な学習の時間におけるキャリア教育と言われれば、まず、職場体験学習が挙げられるであろう。平成30年度のデータでは97.7％の中学校で職場体験学習に取り組み、その内、84.0％の中学校が2年生での実施である[1]。事業所に出向いての職場体験そのものは学校によっておおよそ2日間～5日間と異なるものの、半数程度の学校が事前指導に、「6～10時間」、事後指導に「1～5時間」をかけているのが実情である。また、8割の学校で教育課程上は総合的な学習の時間として扱っている。

　さて、期間や教育課程上の位置付けの妥当性は置いておいたとしても、これだけの時間と生徒が体験する企業や事業所と連携する手間をかけて実施する職場体験学習を通して、教員が何を生徒に学んで欲しいと思って計画し、生徒は実際何を学ぶのであろうか。

　多くの場合、体験する職業の内容や必要となるスキルについて身を持って感じ取り、将来の職業選択の一助にする、ということを第一に挙げるであろう。そのことも職場体験学習の1つの成果となるとは考えられるが、それを主たる目的として捉えることが本当に正しいかどうかを確認しておく必要があると考えられる。

　Society5.0と言われる現代社会において、2011年当時、ニューヨーク市立大学の教授であったキャシー・デビッドソンは「2011年度にアメリカの小学校に入学した子ども達の65％は大学卒業時に今は存在していない職業に就くだろう」とニューヨークタイムズのインタビューに答えている。世の中はめまぐるしく変化をしていき、職業も劇的な変容を見せると予測されていることの現われである。つまり、生徒が社会に出る時には、彼らが職場体験学習で接する職業は、AIの導入などによって、少なくとも現在の内容から変化している可能性が非常に高いということを示唆している。

　そのような状況下での職場体験学習の目的は、前述のような体験する職業の内容やスキ

ルについてのみではなく、その体験を通して得られるどの職業に就いても必要となる資質・能力を育成することであろう。

　実はそのような資質・能力の育成については、学習指導要領にも示されている。

　平成29年に告示された学習指導要領の「総合的な学習の時間」では、その目標について「探究的な見方・考え方を働かせ、横断的・総合的な学習を行うことを通して、よりよく課題を解決し、自己の生き方を考えていくための資質・能力を次のとおり育成することを目指す。」とされている。この目標に沿って「総合的な学習の時間」の内容を考えていくには、実践しようとするカリキュラムが児童生徒にとって「探究的な見方・考え方を働かせる」ものになっているか、「横断的・総合的な学習を行う」ことが必要な課題になっているか、といったことに留意が必要である。その上で、課題を解決するだけでなく、取り組んだことを通して児童生徒の資質・能力を育成することが求められている。

　一方、キャリア教育については、平成29年に告示された学習指導要領「総則」に、「生徒が、学ぶことと自己の将来とのつながりを見通しながら、社会的・職業的自立に向けて必要な基盤となる資質・能力を身に付けていくことができるよう、特別活動を要としつつ各教科等の特質に応じて、キャリア教育の充実を図ること。」とされている。キャリア教育は、「社会的・職業的自立に向けて必要な基盤となる資質・能力」を身に付けさせるものであるが故に、将来に向けての「基盤」となる力である「基礎的・汎用的能力」を学校教育全体で付けてくことが必要である。この「基礎的・汎用的能力」は、包括的な能力概念として「人間関係形成・社会形成能力」「自己理解・自己管理能力」「課題対応能力」「キャリアプランニング能力」の4つに整理されている。

　このように総合的な学習の時間におけるキャリア教育は、端的にまとめると、「探究的な見方・考え方を働かせ、生き方を考えてくための資質・能力である基礎的・汎用的能力を育成する」ということになり、そのために職場体験学習が行われるべきであろう。

　当然のことながら、職場体験学習は総合的な学習の時間やキャリア教育の目的・目標を達成するために行われるものであり、事前・事後の学習もその目的・目標の達成を促すものとして実施されるべきものである。

　ここで紹介する事例は、総合的な学習の時間やキャリア教育、また職場体験学習の本質的な意味を踏まえた上で、形に捉われず計画、実施したものである。具体的には、探究型の学習、職業人との関わり、生徒の将来に繋がる学び、を意識した上で取り組みを設定した。ただし、この取り組みを実施した学校は職場体験学習も実施しており、より充実したキャリア教育を目指している。なお、単独の学校の視点というよりは、この事業自体を運営している視点での記述となることをお許し願いたい。

2．取り組み概要

　平成31年度より、京都府教育委員会では「学校教育の重点」で「認知能力と非認知能力の一体的育成」をその柱に据えている。これは「第1節はじめに」で述べたような社会の到来により、学校での教育期間が終わった後にも学びを更新していく必要性が高くなっていることに起因している。学校を卒業してからも必要になる「学び続ける力」を学校教育の中で育成することが必要であり、従来のテスト等で計測できる「学んだ力」だけでなく、「学ぶ力」も育んでいくことが必要であると考えているからである。そのような考え方を基に実施している施策が、「未来の担い手育成プログラム」である。

⑴　中学校2年生総合的な学習の時間での取り組み

　この「未来の担い手育成プログラム」は、京都を中心に活躍している企業・大学と連携して、生徒が社会に出たときに直面するような「答えのない問い」に長期的・継続的に取り組む「課題解決型学習（Project Based Learning、以下、PBL）」を行うことを軸としている。課題を与える学年を中学校2年生とし、総合的な学習の時間を15時間程度（実際はどの学校も20時間程度かけていた）使い4人程度のグループで課題に対しての「正解」ではなく「最適解」を導くために取り組むものである。取り組みの成果は、年度末に行われる「きょうと明日へのチャレンジコンテスト」での各校代表グループの発表によって行われ、出題企業よりの出前授業も実施可能な「未来の担い手育成プログラム研究校」（各企業・大学につき1中学校ずつ、計5中学校）と、企業・大学からの課題を選択し課題解決型学習に取り組む「きょうと明日へのチャレンジコンテスト参加校」（参加、課題の選択とも任意）が参加する。

　研究校については、事前に連携する企業・大学を決めた上で研究校として3年間の取り組みを行う。また、コンテスト参加校は単年度での参加が可能であり、年度当初に参加登録する際に課題を選択することになっている。

　各連携企業・大学からの課題は、それぞれの企業・大学が持っている理念の上に立ち、現在課題となっていることの中から出題をいただいている。中学生の発達段階を考慮した場合、一見、商品開発等の課題の方が適しているように感じられることもあるが、生徒に将来働くことの意味や意義を感じさせるためには、理念から出る課題を生徒なりに咀嚼し整理する作業が必要であること、与えられた課題から自分たちが取り組む課題を絞り込んでいく経験が大切であると考え、このような出題になっている。ただし、そのようなステップを踏んだ上で、生徒が商品開発等を通して企業・大学からの課題についての解決策を見出した場合は、企業・大学が持つ理念を理解した上で取り組んだ結果であると考えられる

「未来の担い手」を育成するプログラムを始めます

平成31年4月25日
京都府教育委員会

京都府教育委員会では、今年度より、京都を中心に活躍している企業・大学と連携して、子ども達が社会に出たときに直面するような「答えのない問い」に長期的・継続的に取り組む「課題解決型学習（Project Based Learning）」を行う、「未来の担い手育成プログラム」を実施します。

＜プログラムの趣旨・内容＞

・教科の授業は大事、でもそれだけでは…
・社会の変化に対応できる学びが必要なのでは…
・学びって様々な活動で繋がり深まっていくのでは…

＜企業・大学＞
企業・大学が直面しているリアルな課題の提示と、研究校に対する出前授業による課題解決に向けたサポート

中学校 × 企業・大学

・府内5校を、3年間の学びを見据えた「未来の担い手育成プログラム研究校」として指定
・長期的・継続的に企業・大学からの課題に取り組む「きょうと明日へのチャレンジコンテスト」開催

＜中学校＞
企業・大学が提示する「答えのない問い」を解決できるような力を付けさせるための、課題解決型学習を通じた継続的・持続的な授業改善

・認知能力と非認知能力を一体的にはぐくむ
・将来に渡って学び続ける力を養う
・3年間を見通して子ども達の力を伸ばす

＜研究校、連携企業・大学及び課題＞

研究校	連携企業・大学	課題
京丹後市立弥栄中学校	株式会社 丹後王国	丹後地方の特徴を生かした地域活性策も含めて、多くの人が訪れるための方法とは
綾部市立東綾中学校	グンゼ株式会社	10年後の時代に合った「ここちよい」インナーウェアを創造してください
京丹波町立瑞穂中学校	株式会社 美濃吉	新しい和食の在り方を創造して、和食文化を広めてください
向日市立寺戸中学校	国立大学法人京都大学iPS細胞研究所	誰もが安心してiPS細胞を用いた治療を受けられるようになるためには、どのようなことが必要でしょう
宇治市立黄檗中学校	株式会社 祇園辻利	世界中に日本茶を普及させるにはどうすればよいでしょう

ため、その結論を否定するものではない。

令和元年度の各企業・大学からの課題

連携企業・大学	課　題
株式会社　丹後王国	丹後地方の特徴を生かした地域活性策も含めて、多くの人が訪れるための方法とは
グンゼ株式会社	10年後の時代に合った「ここちよい」インナーウェアを創造してください
株式会社　美濃吉	新しい和食の在り方を創造して、和食文化を広めてください
国立大学法人京都大学iPS細胞研究所	誰もが安心してiPS細胞を用いた治療を受けられるようになるためには、どのようなことが必要でしょう
株式会社　祇園辻利	世界中に日本茶を普及させるにはどうすればよいでしょう

(2)　3年間を見通した中での総合的な学習の時間の位置付け

　この企業・大学との連携の取り組みは、中学校2年生の総合的な学習の時間のみで完結するものではない。前述の通り、総合的な学習の時間は「横断的・総合的な学習を行うこと」となっていることから、それまでの教科等での学習が生きるものである必要がある。そこで、総合的な学習の時間だけでなく教科等の授業、学年を越えた流れを作った。「総合的な学習の時間に教科等での学びを活用する」という視点は良くあることであるが、「総合的な学習の時間での学びを教科等の授業に活用する」という視点も取り込むことも大切にしている。

未来の担い手育成プログラムの流れ

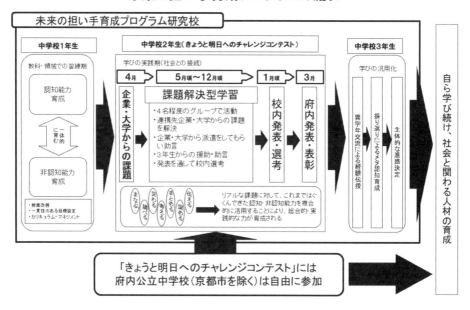

3．単元の展開

⑴　全体を通しての共通認識

　「未来の担い手育成プログラム」研究校の５校については、連携している企業・大学から年間３回程度の出前授業等を受けられること、12月頃に「きょうと明日へのチャレンジコンテスト」への出場候補となる代表グループを決定すること以外については学校の実情に合わせて展開することが可能な構造になっている。しかし、長期に渡る PBL の取り組みを進めた経験は少ないため、共通した認識の下で進めていけるように心がけた。ここでは、生徒観、教材観、指導観として共通認識を持ち心がけたことを紹介しておく。

〈生徒観〉

　学力面では十分とは言えないまでも、全国的に見て比較的高めで安定をしてきている。それは地道な教員の授業改善だけでなく、放課後や長期休みの学力補充等の取り組みの結果である。ただ、全国学力学習状況調査の質問紙の結果から「教科の学習が好きである」という項目などでは全国に比べて低い割合になっており、端的に表現すれば「勉強はそこそこできるけど、好きなわけではない」という状況である。

　また、「自分には良いところがある」というような自尊感情に関する質問については、全国的に中学校２年生は落ち込む傾向があるが、全国に比べても低い傾向が見られる。真面目で言われたことをきっちりとすることができる生徒が多い反面、自ら判断したり調整をしたりする面では弱い部分がある。

　そのような状況にあるため、学ぶことの楽しさや喜びを認識している生徒はあまり多くないと考えられる。将来に渡って学び続ける力を必要とされる現在において、彼らの学びを活用できるという体感的な部分を教員が意識し、学びに向かう力につなげるように心がけた。

〈教材観〉

　中学校２年生の時期は、自己の将来について見つめていく時期である。現実的に高等学校への進学などの進路選択に迫られる中学校３年生の時期を迎えるに当たって、中学校２年生をどのように過ごすのかは、その後の選択に大きく関わってくると考えられる。そのような点も考慮した上で、社会との接点を感じながら、長期間の取組みが行えるような教材が必要であると考えた。

　そこで、現実的に各分野の最先端で活躍されている企業・大学でさえ未だ解決できないでいる正解が一つに決まらないような課題に挑戦することによって、社会と生徒自身との接点が感じられるように配慮すると共に、生徒の解決策に対して企業や大学のいわゆるプロが真剣に答えるような場面を設定した。

〈指導観〉

　通常教科等の授業では、扱う問いの大部分が、結果的に正解として一つに決まるものである。ただ、社会に出た後に遭遇する問いはその答えが一つであることの方が少ない。その点から教科での学びを社会に出た際に活用できるように意図的に答えが一つに決まらない問いにも触れさせていく必要がある。改訂された学習指導要領にある「主体的・対話的で深い学び」は、そのような部分を改善していくため手立てにもなると考えられる。各教科の授業にPBLの要素を取り込むことによる授業改善を進めることが、子ども達の学びを活用する力を育んでいく方法の一つであると考えた。

　特に、企業・大学からの課題は正解が一つに決まるものではないので、グループによる議論により課題が深まりを見せるようにしていく必要がある。また、そのような機会を通して、生徒の発想で自由に論を広げ、その論の裏付けを作り示せるところまで指導していくことが大切である。ただ、その際は生徒の論が絵空事にならないように、教員の側からの働きかけや中間発表の機会を作って常に新しい見方を提供することによって、深まりを持った解決策に引き上げていくことを大切にする。

(2)　単元計画

　このような共通認識の基、地域、学校規模といった各校の実情に合わせてプログラムを組み、PBLに取組んだ。昨年度、PBLに取組んだ最初の単元計画の一般的な例を示しておく。

授業計画（例）

内容等	出前	時間数	
課題解決型学習の趣旨説明		1	「正解のない問い」に取組む趣旨を考えさせる。
課題の提示、企業からの説明	○	1	課題が持つ意味を企業からの話を基に考える
テーマについて決める		1	仮説を立て、現状を把握し、テーマを決めさせる。
調べ学習		2	仮説を裏づけるための資料を作成させる。
課題検証		1	仮説を検証させる。
発表準備		1	プレゼンテーションで相手への伝え方を考えさせる。
校内中間発表	○	2	取り組みを、プレゼンテーションして伝える。
課題再検証		3	中間発表で出た課題を検証し、再度考えさせる。
まとめ		1	発表会に向けて、最終のまとめをさせる。
リハーサル		1	発表会に向けて、発表の方法を考えさせる。
校内発表会	○	1	聞く人を意識した発表に取り組ませる。

　この授業計画は15時間という時間数の中で計画をした場合の一般的な計画である。連携企業・大学の業務内容や課題の内容によっては、生徒の既習内容では理解が厳しい場合

もあり、この授業に教科等の授業と連携して授業を行うこともあった。また、より深く理解するために連携企業・大学を校外学習等で訪れて体験的に学習したり、出前授業の場合であっても道具や製品を実際に持ち込んで授業を行うなど、課題を肌で感じられるような工夫がされた。

4．指導上の工夫と学習成果

　普段の教科等の授業で1時間単位での課題解決型の展開を行っていることはあっても、本単元のように長期間に渡って一つの課題に取り組む経験は少なく、探究の深度や進め方、時間配分等に気を払う必要があった。その中で、この取り組みの特徴である連携企業・大学からの出前授業と、PBLの進め方についてはそれぞれ項目としてまとめ、その後、生徒の変容と教員の気づきについて概観する。

⑴　連携企業・大学からの出前授業について

　企業・大学から頂いた課題を解決するにあたって、「未来の担い手育成プログラム」の研究校5校には3回程度の出前授業を依頼した。その3回の目的や内容、実施時期はそれぞれの学校の創意工夫に任せたが、概ね、1回目は「企業・大学の説明と課題の背景」について、2回目は「中間発表での参観と指導」、3回目は「最終発表会での参観と講評」であった。生徒の普段の生活では出会うことのないその道のプロが行う出前授業は、学校の教員が伝聞から語るよりも生の経験からくるライブ感があり、生徒に届きやすいという効果がある。その上、今回のように外部から同じ人物が3度来校し生徒とコミュニケーションを取ることは、生徒にとって親しみと憧れの大人像として身近な存在になっていく様子が感じられた。

⑵　PBLの進め方について

　学習指導要領に示された総合的な学習の時間での探究的な学習の流れは「課題の設定」、「情報の収集」、「整理・分析」、「まとめ・表現」と示されているが、企業・大学からの課題への取り組みでは次のようにその工程を考えた。
　①　情報収集　…　現状について調べ、どんな問題が起きているかを整理する。
　②　課題分析　…　問題が起きている原因を分析し、解決しなければならないポイントを絞る。
　③　仮説構築　…　解決するためのアイデアをまとめ、解決策として練っていく。
　④　検　　証　…　考えた解決策が本当に解決に繋がるのかをシミュレートし、解決策

として機能するか考える。

⑤　アウトプット　…　考えた解決策を相手に伝えるための手法・方法を考え、適切な
　　　　　　　　　　　　方法で伝える。

　このような①〜⑤の流れで整理した上で、PBL を進めた。通常、学校で行う PBL の場合は、①〜⑤の流れを一通り行うことで結論を出し、終了することが多い。しかし、企業等で行われる場合は、何度もその工程を繰り返し、課題を解決し、より良い解決策を練っていくことになる。課題を解決策をアウトプットした後に、周りからのフィードバックをもらい、そのフィードバックによる課題を解決していくことにより、より深い課題解決策に繋がると考えられる。いわゆるPDCAサイクルを複数回すために取り組む過程に中間発表を入れ、このサイクルを2度以上回すことによって、より深く課題解決を進めるための計画を作成した。

(3)　生徒の変容

　課題に取り組んだ中学校2年生は、示された課題の内容についての直接的な理解だけでなく、取り組みの過程でアンケートを実施し、得たデータを有効に活用するなど、PBL を進めていくために必要な知識や技能を学んだ。また、自らのグループの考えを絵空事としてではなく、エビデンスを示しながら展開できるようになり、その成果を取りまとめて課題に対しての解決策として提言できるまでに成長した。

　課題に対して深く追究していく過程で、家庭の会話で話題になったり、自主的に学習し教員が知らない知識を身に付けている様子が見られたり、休日に調査に出かけて街頭インタビューを行ったりする事例もあった。また、教科学習の大切さを感じている生徒も多くおり、物事を多面的・多角的に捉える力も付いてきていることが実感できたことは大きな成果であった。

　新型コロナウィルス感染症の感染拡大により、3月に予定していた「きょうと明日へのチャレンジコンテスト」は実施できなかったが、実施に向けて応募された生徒のプレゼン動画は非常に質の高いものであり、連携企業・大学からの評価も高いものであった。

(4)　教員の気付き

　今回のような企業・大学からの課題を、発表の場を担保した形で時間をかけて中学生が取組むという経験は生徒だけでなく、教員にとっても初めての経験であった。その中で、中学生の持つ潜在能力や学びに向かう姿勢の高さを再認識することができた。また、企業や大学との連携によって、大人でも簡単に経験できないようなプロの世界を垣間見ることができ、大きな刺激になった。

教科等の授業と総合的な学習の時間をPBLという視点から繋ぐ動きが見られ、総合的な学習の時間で行うPBLの手法を授業に取り入れ、学びの質を向上させていく取り組みなど、3年間を見通した力の育成を目指した継続的・持続的な授業改善につながった。

⑸　今後に向けて

「未来の担い手育成プログラム」の目標は、「企業・大学から出題される『正解のない問い』を解決しようとする課題解決型学習に取り組むことによって、自らの学びが社会に貢献する過程を体感するとともに、認知能力と非認知能力を一体的に育む」ことである。これは、キャリア教育が意図する基礎的・汎用的能力の育成との共通部分が非常に大きい。基礎的・汎用的能力はその能力を直接育成することは非常に難しく、まさに様々な経験を通して涵養される能力である。その能力を育んでいくためには、教員は学校だけでなく外部の資源も活用して子ども達が刺激を得られる環境を作り出していくことが大切である。

また、教員にとって「正解のない問い」について扱うことは、特別の教科道徳を除いて特に教科学習ではなじみがなく、長期に渡って一つの課題についてPDCAサイクルを複数回行って深めていくことを指導する経験も少ない。そのノウハウ自体も構築していく必要がある。

ただ、取り組みを通して、子ども達の学びは深まり、学ぶ姿勢は大きく変容をすることが体感できた。日々の教育活動でこの変容をどのように見取り、確実にしていくかが今後、子どもたちが社会に出た後にも活用できる力をつけていくために解決すべき課題である。

注
1）国立教育政策研究所生徒指導・進路指導研究センター。"平成30年度職場体験・インターンシップ実施状況等結果（概要）"。国立教育政策研究所。 https://www.nier.go.jp/shido/centerhp/i-ship/h30i-ship.pdf、（入手日 2020-07-20）。

| 本実践の特徴と意義 | 栗山　和大 |

京都府教育委員会（以下「府教委」という。）が平成31年度より実施する「未来の担い手育成プログラム」は、総合的な学習の時間（以下「総合的な学習」という。）の活用事例の一つ、あるいは、キャリア教育の実践の一つという意味においても特徴的な取り組みと言うことができるが、施策立案者の立場においては、府教委として、全国津々浦々で模索が行われている、平成29年に告示された学習指導要領の趣旨を具現化するための取り組みであったとも言える。

ここでいう学習指導要領の趣旨とは、「知識・技能の習得」「思考力・判断力・表現

力等の育成」「学びに向かう力・人間性等の涵養」の偏りのない実現であることはもちろん、「主体的・対話的で深い学びの視点からの学習過程の改善」、「社会に開かれた教育課程」や「カリキュラム・マネジメント」の実現といった、文部科学省が示した学習指導要領改訂の方向性における骨格的要素をも含むものである。

　また、「社会に開かれた教育課程」の考え方においては、地域との連携・協働が注目を集めやすいが、社会とのつながりの中で学ぶという文脈においては、多くの生徒が将来労働することになる企業や、進学することになる大学（研究機関）との連携・協働も非常に重要であり、教員がこうした外部の資源をどのように学校教育活動において活用するのか、換言すれば、こうした意味での教員のコーディネート力の育成についても課題意識があった。

　府教委においては、こうした総合的な課題意識に対し、具体的な実践を学校現場や市町村教育委員会とともに創出することで一つの対応策とすることとし、並行して、各施策を「認知能力と非認知能力の一体的育成」という指針の下に立案・実行することとする中で具現化されたのが、この「未来の担い手育成プログラム」であった。

　その具体的内容や特徴については、既に紹介した通りであり若干重複もするが、現在までの実施状況も踏まえ、施策実施の責任者の視点から俯瞰した際、以下の3点がとりわけ特徴的あるいは示唆的であると認識している。

①課題解決型学習の中で、総合的な学習での横断的・総合的な学びが展開されることはもとより、総合的な学習と各教科等を往還（往復）する学習スタイルを意識することを通じ、カリキュラム・マネジメントが促進され、事業が学校運営全体の改善の軸になり得ていること。なお、この点は、今年度の学校臨時休業に当たって府教委が公開した、課題解決型の課題を含む家庭学習用教材「京都府教育委員会からの挑戦状」の活用についても類似の事例がある。

②企業・大学と連携した課題解決型学習という、市町立中学校である研究校の教員はもちろん、教育委員会の指導主事にとっても必ずしも馴染みのない教育方法を実施するに当たっては、「外部の資源」として、課題提供等を行う企業・大学に加え、キャリア教育コーディネーターといった教育方法面での外部支援も取り入れることが効果的であること。

③総合的な学習の実践例としては既にこれまでに多くの蓄積がある一方、具体の課題提供を受ける等の企業・大学との密接な連携、課題解決型学習という手法の活用など、学校現場にとって新規性の強い取り組みであり、依然としてこうした学びの在り方を自ら創出することに戸惑いもあることから、具体の企業・大学の選出や課

題の設定自体も含め、萌芽的取り組みゆえの府教委の強いコミットメントが重要であること。

　以上は、必ずしも総合的な学習やキャリア教育そのものの議論に属さない内容であったが、昨今の意欲的な実践は、この「未来の担い手育成プログラム」のように、多様な政策的視点から構築される傾向が強い。こうした状況の中で「探究的な見方・考え方を働かせ、横断的・総合的な学習」を行う総合的な学習や、「社会的・職業的自立」の視点を持つキャリア教育は、これからの学びが実社会と同じくオープンエンドな在り方を志向する中で、必須の視点を提供し続けるということも、重要な点として指摘しておきたい。

第 10 章
医療・健康

看護系高等学校の総合的な探究学習
──実践的な演習を通じた新たな医療科学教育への挑戦──

月見　茂雄・平山　朋子・本田　寛人・兼清　健志

1．はじめに

　藍野高等学校メディカルサイエンスコースでは、文部科学省が推進する高大接続施策に対応し、藍野高等学校と藍野大学の教員が協力して、高大間の教育内容の連続性や接続性を意識しながら、生徒・学生の育成に携わる取り組みを実践している。

　藍野高等学校メディカルサイエンスコースは、将来医療系大学に進学することを目指す生徒のためのコースである。医療においては科学的根拠に基づいた治療や、またチーム医療においては論理的に議論できることが重要であり、大学でも様々な科目を通して、これらを学んでいく。藍野高等学校の「総合的な探究の時間」では、大学での学習の中でも重要な能力として考えられている問題解決能力を育てることをねらいとして、カリキュラムが組まれている。このカリキュラムでは、3年次に生徒たちが研究発表を行えるようになることを目標に定め、1年次は、批判的思考力を身につけるために対話型論証の基礎と応用を学び、自分の意見を論理的に主張する力を養う。また好奇心を持たせるために科学的実験も経験する。2年次では、自分たちで問いと仮説を立ててグループで実験を行う探究活動を行い、また自分が目指す職業について考えるキャリア探究活動も行う。そして3年次では、グループでの探究活動の成果を発表し、加えて、大学での学びを経験する目的で大学の講義に参加する。このカリキュラムは、医療科学教育の中で重視される科学的根拠に基づいた問題解決力を育てることを目的に組まれていることが特徴である。本章では、その中の1年次の授業を中心に紹介する。

2．3年間の年間活動計画

　3年間のカリキュラムは、1年次サイエンスプログラム、2年次メディカルサイエンス

プログラム、3年次プレカレッジプログラムと名称をつけ、生徒の好奇心を重視し、プログラムを進めていく（表10-1）。

1年次は、批判的思考力を育てるために、対話型論証（dialogical argumentation）[1]を活用して、文章を読むこと、書くことを学ぶ。対話型論証とは、他者と対話しながら、事実・データをもとに論拠を明確にして主張を組み立てていく活動である。これに加えて情報収集やデータ（図・グラフ）の分析なども学ぶ。また、科学的探究の第一歩として、大学教員の指導のもと、医学に関連する科学的な実験を経験する。

表10-1　総合的な探求の時間 カリキュラム

学年	学期	内容と目的
		Cultivating Curiosity　好奇心を耕す
1年生 サイエンス プログラム	1学期	対話型論証モデルを活用した論理的思考の基礎編
	2学期	対話型論証モデルを活用した論理的思考の応用編
	3学期	科学的実験の経験　探求の実践
		Inquiring Curiosity　好奇心を探求する
2年生 メディカル サイエンス プログラム	1学期	キャリア探求　進路選択の準備
	2学期	グループ研究活動の実施
	3学期	グループ研究活動のまとめ
		Visualizing Curiosity　好奇心を表現する（可視化する）
3年生 プレカレッジ プログラム	1学期	グループ研究活動の発表
	2学期	大学授業への参加
	3学期	全体の振り返りグループ研究活動のまとめ

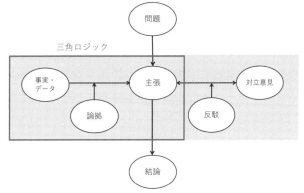

図10-1 対話型論証モデル
（出典）松下（2021）

2年次には、問題解決力を身につけることを目標に、対話型論証を活用して、グループで研究課題を1つ決め、仮説を立てた実験とそのまとめを行う。また、進路選択を考える時期でもあるため、医療系の中でどのような方向に進んでいくのかということについて、医療専門職の資格を持つ大学教員による仕事と研究に関する講義を受け、生徒自身も情報収集しながら、自分自身の進路についても考える。

3年次では、2年次に行った実験研究の成果を発表する。また大学の講義にも参加し、大学での学びに向けて準備を行う。

3．各学年の目標

⑴　1年次
1）学びの基盤となる力を身につける
　対話型論証を活用し、文章を批判的に読むことができる、書くことができるようになる

ように練習する。

2）情報収集力とデータ分析力を身につける

　図やグラフを正確に読み取り、データの意味を解釈できるように練習する。

3）医療・科学に興味を持つ

　医療全般、また科学に興味を持つことを目標に、大学教員が行う医学に関する実験を経験する。

(2)　2年次

1）実験研究を経験する

　生徒自らが考えた問いについて、仮説を立てて実験を行い、物事を探究する過程を経験する。

2）将来のキャリア探究ができる

　生徒自身の医療系の中で希望する職種を探究するために、情報収集を行うとともに、医療系資格を有する大学教員による講義を受け、自身のキャリアについて探究する。

(3)　3年次

1）プレゼンテーション力を身につける

　2年次に行った実験研究の成果発表を通して、論理的に表出することを経験する。

2）大学での学び方を経験する

　医療系の多職種を理解するとともに、職種別（学科ごと）に行われる講義に参加し、生徒自身のキャリアについて理解を深める。

4．1年次：対話型論証を活用して、文章を批判的に読解する

　この単元では、対話型論証を使って、様々な文章を批判的に読むことで、論理的に物事を理解するための基盤となる力を身につけるよう構成されている。

(1)　教材の選択と活用（教材観）

　本単元は、「総合的な探究の時間」の初期に設定しており、対話型論証モデル（図10-1）を使って論理的に読むことができるようになることを目標にしている。

　教材は授業者の作成したプリントと、「玄関扉」『現代の国語1』（三省堂）を使う。配付プリントは、短い文章を提示し、その中にある「主張」「事実・データ」「論拠」を書き出す練習を行う教材である。また、あえて「事実・データ」が抜けている文章を提示し、

ロジックを成立させるために欠けているものは何かを考えさせる教材も作成している。もう1つの教材である「玄関扉」は、文中で日本と欧米の扉の違いについて2つのロジックで説明しており、それらを三角ロジックで捉えることにより、内容の理解がより深まる教材である。

(2) 生徒の学習意欲、関心、態度など（生徒観）

少人数のため、生徒間のコミュニケーションは活発に行われている。医療系大学への進学を目指す生徒集団であるため、医療に関する内容に関心が高く、課題に対しても真面目に取り組み、自分の意見を言うことができる。しかし、生徒たちが論理的かつ、積極的にグループワークを行うまでには少し時間が必要である。授業進行に合わせて、個人の活動から徐々にグループでの活動の時間を作り、理解を深めたい。

(3) 指導のポイント（指導観）

対話型論証を初めて学ぶ生徒が多く、発言により自分の理解の程度が明らかになるため、発言も活発にはなりにくく、初めは生徒個人に対する指導を中心に行う。全員が対話型論証の理解がほぼできたところで、グループで議論する機会を設け、教員はグループ活動が活発になるように、生徒が理解できていない部分について補足しながらグループ活動を支援する。

5．単元年間指導計画

学習内容・項目	学年 （時数）	学習ポイント・到達目標	評価の観点
・三角ロジックを理解する ・事実・データを正しく捉える	1年 1学期 （11）	対話型論証モデルの「三角ロジック」を理解する。 短編を中心に「事実・データ」がどれであるかを正しく捉える。 また「事実・データ」の真偽について考える。	【評価の観点】 ・関心・意欲・態度 ・話す・聞く力 ・書く力 ・読解力
・隠れた前提を捉える ・主張、事実・データ、論拠を捉える ・批判的に読み取る	1年 2学期 （15）	短編を中心に「隠れた前提」を捉え、内容の真偽について考える。 対話型論証モデルを意識し、論理的に読解する。 内容を批判的に読み取る能力を身につける。 複数の主張を統合し得られる結論、問題に対する答えを導き、自分の考えや意見を論理的に発表する。	【評価の観点】 ・関心・意欲・態度 ・話す・聞く力 ・書く力 ・読解力 ・クリティカルシンキングの習得

・科学的実験を行う（脊髄と脳のHE染色） ・科学的思考力を養う	1年 3学期 (9)	脳と脊髄をHE染色し、違いや週齢による成熟の過程を視覚的に理解する。 実験の目的と結果を予想し、仮説を立てる。実験結果を元にグループワークを行い、自分の考えを発表する。	【評価の観点】 ・科学に対しての興味、関心 ・発表内容（プレゼンテーション力）

6．指導上の工夫・学習成果

⑴　指導上の工夫

1）スモールステップでの課題提示

　課題は短い文章から徐々に長い文章へ、また単純な構成から複雑な構成の文章へと、小さなステップで理解が進むように提示する。また、指導は対話型論証がきちんと理解されているかを確認しながら指導をする。

2）パワーポイントでの要点提示とプリント配付

　対話型論証モデルについては、「主張」「事実・データ」「論拠」を図式化し、パワーポイントやプリントでイメージがしやすいように提示する。また、授業中に理解の様子を確認するため、配布プリントに書き込みができるようにする。

3）iPadなどのICT機器を用いた授業展開

　藍野大学と連携のもと、生徒全員にiPadを配付し学習の効率化を図る。また、一人一人のニーズに合わせた指導やサポートも実施する。情報活用能力やICTリテラシーの習得も視野に入れ指導する。

4）グループワークの実施

　生徒が、他者の意見を理解し、尊重できる能力を身につけられるように、グループワークを積極的に取り入れる。また生徒一人一人の理解度、考え方などの把握やコミュニケーション能力向上を目指す。

5）Learning Management System（LMS）の活用

　藍野大学と連携し3年間にわたって生徒の学びを蓄積するe-ポートフォリオとしてLMSを活用し、後に自分の成果物の振り返りが容易にできるようにする。

(2)　学習の成果

　生徒は、この授業を通して、対話型論証モデルを活用して、それぞれの意見の違いを論理的に比較し、そして批判的に物事を考えることができるようになる。対話型論証モデルは、文章の読解においては、生徒自身が自分の中で様々な意見を対立させて読み込んでいくことを可能にする。

　しかし、この授業の目的は自己内で論理的に物事を考えるだけの成果にとどまらず、生徒たちが対話型論証モデルを使って、他者と実際に議論し、論理的に問題に対する結論を導きだせるようになること期待している。また、批判的に物事を考えながら、新しい問いを発見し、それを探究していく力を身につけることも目指している。

　さらに、この授業での学びの成果は、他の科目でも活かされることを期待している。例えば、国語はもちろん、生物や歴史の授業などでも、対話型論証モデルを使って、批判的に物事を考えながら、理解を深めることができるであろう。

　高校在学中にこれらの能力を身につけることが、大学進学時には生徒にとって大きなアドバンテージになると期待できる。

本実践の特徴と意義　　　　　　　　　　　　　　　　　　　　　　志熊　博忠

　本章で紹介されている「総合的な探究の時間」の教育実践は、衛生看護科の専門学科の中に設けられたメディカルサイエンスコースの生徒を対象としたものである。本章の取り組みの全体像について、より適切な理解を得るために、2020年4月に藍野高等学校に誕生したメディカルサイエンスコース開設の意義と目標を記しておきたい。

　同コースは、単なる医療系資格の取得を目的とするカリキュラムではない。メディカルサイエンスコースは、看護学、リハビリテーション学、臨床工学などの最新の知識にふれることによって、現代の医療に対する確かな見識を身につけ、『チーム医療』の現場において主体的に貢献できる資質と能力の礎を築くことを目指している。特に「総合的な探究の時間」では、将来の医療現場で社会貢献をめざす生徒たちが、多様な視点と学びの体験を通じて、自分に合った医療職を見つけ、その夢を叶えるプロセスを応援するために、藍野大学との「医療系高大連携施策」の一環として取り組んでいる。

　このコースには、藍野大学医療保健学部への内部進学を希望する生徒もいれば、まだこれから自分の将来像を発見するための幅広い学びを期待している生徒もいる。したがって、「総合的な探究の時間」では、生徒たちが、将来いかなる進路においても

必要とされる発展的・探究的な情報収集・分析・考察・表現に取り組む力を育成し、「問題解決能力の育成」を意識した全体計画とそれに応じた各学年のカリキュラムが組まれている。

　本章で紹介されているように、同コース１年生は、「トゥールミン・モデル」といわれる「三角ロジック」の論証モデルに取り組んでいる段階である。高校生にとっては、「そもそも論理的思考力とは何か」というレベルからのスタートである。一方、我々教員にとっても、このような「総合的な探究の時間」の授業は、まだ試験的な段階であるが、だからこそ、大学と高校の教員が協議を重ね、少人数教育のメリットを最大限に活かしつつ、根気よく丁寧に、必要な軌道修正をためらわず、生徒たちに新しい『主体的・対話的深い学び』を提供しようとしてきた。その取り組みの一端が本章の授業実践である。

　今後２、３年生になると、「他者と対話しながら、事実・データをもとに、論拠を明確にして主張を組み立てる。」というさらなる段階への到達を目指していく。このように、生徒たちは、学びや研究の過程において、今後の医療現場で確実に必要とされる資質と能力、すなわち「筋道を立てて物事を考える習慣」、「学びの過程で直面する疑問を解決するためのアプローチ方法」、「第三者にわかりやすく順序だてて説明をする技術」といった資質・能力を、この「高大連携」型の「総合的な探究の時間」を通じて習得していっており、読者には、その実像を本章の記述から感じとってもらえればと思う。

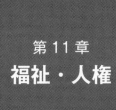

第 11 章
福祉・人権

より深い学びを求めて
―障がい者問題から総合的な学習の可能性を探る―

杉山　雅

1．はじめに

　この実践は、私が前任校の兵庫県立伊丹西高等学校で行ったものである。当時同校では、総合的な学習の教育計画には、全校一斉に取り組む教育活動と学年ごとの教育活動の2つの柱があり、全校的な教育活動として、文化祭や体育祭などに関するクラス討議や準備、サイバー犯罪等に関する講演会、さらに全校意見発表会などがあった。又、学年ごとの教育活動として、その発達段階に応じたテーマ（教育目標）を設定して取り組まれた教育活動があった。

2．高校3年間の学習テーマ

【総合的な学習の学年テーマ】

学年	年間のテーマ（教育目標）	主要な教育活動
1年	「自己を知る・社会を知る」	未来辞典（グループワーク）・職業人インタビュー
2年	「表現力を高める」	講演「有権者とは - 選挙の意義」（市選挙管理委員会）
3年	「自己実現を目指して」	講演「働くという権利 - 労働基準法」（弁護士事務所）
全学年	上記のテーマにそった全校意見発表会	

　各学年のテーマにそって、各学年の「総合的な学習の時間」の主担当者が原案を作り各学年で討議をして、クラスごとあるいは学年で一斉に取り組む教育活動を計画、準備し、実施した。その具体的内容には、学年の教師や生徒の創意工夫も加えられた。ある学年がテーマに沿った新しい取り組みを始めた場合、事後評価において学習効果の優れた教育活動があれば、翌年度以降も同様の取り組みを継続して同校の「総合的な学習の時間」の改善と進化が続けられた。

総合的な学習が導入されてから数年しか経ない頃、いわば「総合的な学習の時間」の黎明期に、私は学年の「総合的な学習」の担当者となった。「総合的な学習」の企画を担当する委員会は設置されていたが、まだ組織的な態勢の確立には程遠く、どちらかと言えば手探りで進められていた頃であった。

　本章では、そのような黎明期の担当者として、3年間取り組んだ教材準備やその実践を振り返り、特に注力した実践の一つである、障がい者福祉をテーマとした総合的な学習を中心に紹介する。

3．総合的な学習の時間の実践上の留意点
──実施者となる教職員と生徒の学習意欲への配慮──

　高校の場合、一つの学年には十名前後の教員が配当されており、そこに様々な教科や経験年数の先生がいる。班学習で討論を巻き起こす先生、調べ学習や発表学習を取り入れている先生、プロ並みの語りで生徒を惹きつけている先生。テーマによっては、得手不得手もある。そのような中で、総合的な学習の時間の主担当教員としては、学年総体として、すべての教員が深い学びを生徒に提示できるような教材を目指し、生徒にとっても分かりやすく、学び甲斐のある学習となるよう企図した。

　そのため身近にある様々な具体的な事例を取り上げ、そこから生徒たちの興味関心を掘り起こし、そのエネルギーを使って、より高みの認識へつないでいく。そのような筋道を描いている。生徒の主体的な学びとは、すべてを生徒たちにゆだね、話合いをさせ、出された意見をまとめ上げるということではない。まず、生徒達に興味づけを行い、考えさせ、思考のターニングポイントに差し掛かった時に、それをジャンプさせる刺激的な発問を教師が投げかけ、生徒たちをアクティブ（active）な学習活動からパッシブ（passive）な学習活動へ、そして、再びアクティブな学習活動へと誘うのが教師の務めである。これが、私が目指す学びのスタイルである。

4．障がい者問題をテーマとした「総合的な学習の時間」の実際

　同校は、阪急伊丹駅から自転車で20分ほどのところに立地する。阪急伊丹駅は、1995年の阪神淡路大震災で駅舎が崩壊し、新しく造り直された。その時に、多数の市民の声を反映し、随所にユニバーサルデザインを取り入れたので、同駅は全国的にもユニバーサルデザインのモデル駅として名高い。また、同校は兵庫県の阪神地域にあり、ＪＲと阪急の駅が隣接する宝塚駅も身近な駅の一つであり、いずれも生徒たちが気軽に立ち寄れる場所

である。そのJR宝塚駅には、介助犬シンシアの銅像が設置されている。そのような地域性も踏まえて、障がい者問題をテーマに上記の観点から取り組んだ実践を具体的に紹介する。

⑴　導入の工夫を

導入では、いきなり、次のような発問をする。

「次の文章の間違いを指摘してみよう？」

【提示した教材】

> 視覚障がい者の方は、現在、全国に約30万人います。2002年に身体障害者補助犬法が制定され、障がい者の人々の長年の願いが又ひとつ実現しました。例えば、盲導犬は視覚障がい者の方の目の役割を果します。信号のある交差点にさしかかると、盲導犬は信号が赤なら止まり、青信号になると渡り始めます。盲導犬のおかげで、視覚障がい者の方も安心して交差点を渡ることができるのです。

すぐに、「障害者の害がひらがなになっている」「補助犬法の2002年がまちがい？」「身体障害者補助犬法と、害の字を使っている」など、どんどん意見が出てくる。[1]

しかし、肝心のところには誰も気がつかない。生徒達は考え込んでしまった。沈黙が続く。頃合いを見て、「犬を飼ってる人ならわかるでしょう！」とつぶやく。おとなしいN子の表情がぱっと明るくなった。

「わかったみたいだね。N子、どうぞ！」と促す。

N子は、「犬は色を判断できない」と答えた。周りから、「えっ！」という声が上がる。

私は「正解！犬はモノクロの世界に生きている。盲導犬は周りの人の動きで、進むべきか、待つべきかを判断しているんだ」と答えた。

このように私が準備する導入時の発問には、常識と思われているような事実の中に潜んでいる間違いを見つけるという発問が多い。スッと読んでしまうと、この文章の間違いに気づかない。具体的な事実を取り上げているので、とっつきやすいが、簡単なようでわかりにくい。なぜこんなことが分からないのかと、生徒たちはついつい本気になってしまう。生徒は、乗せられたのである。

もう一つのねらいは、常識で判断していると、思い込みから知らず知らずのうちに偏見を身につけてしまい、場合によっては差別につながってしまう場合もある。このことを生徒に伝えたいためである。

（2）　身近なユニバーサルデザインを調べる（授業の展開）

　いきなり何かを「調べなさい」と言っても生徒は戸惑い、主体的に活動しにくい。いくつかできるだけ身近なユニバーサルデザイン（以下 UD）の事例を取り上げ、興味を掻き立てる。そのために生徒がよく知っている事例から始める。

　　◇目の不自由な人がシャンプーとリンスの容器を見分ける方法は？（実物を持ち込む）
　　◇目の不自由な人が缶ビールと缶ジュースを見分ける方法は？（実物を持ち込む）
　　◇目の不自由な人が大きな交差点で信号の色を見分ける方法は？

　このような事例をあげると、知っている生徒が多いので、「シャンプーの容器には、ギザギザがついてる」とか「通りゃんせのメロディーが流れる」「缶ビールには点字で酒と書いてある！」など、自然に意見が出てくる。

　さらに、発言しやすい雰囲気が醸成されると、やおら封筒を取り出し、「この中にお札が入っています。目を閉じたままどんなお札か当てることができる人！見事当てた人には、この缶ジュースをあげよう！」と呼びかける。

　元気な生徒が「はい！はい！」と手をあげ、当たっても、外れても、教室の雰囲気は盛り上がる。この間違いを恐れずに発表するという生徒の姿勢は大切である。間違えば、誤りに気付いた本人が賢くなるだけでなく、同じ間違いをした周りの生徒も間違いに気づいて賢くなり、一石二鳥である。これが集団で学ぶ良さの一つでもある。

　お札の下の方の左右に、千円札には横棒型の、５千円札には正八角形の、１万円札には L 型の突起がついている。さらに、偽札防止の観点から５千円札には 5000 円の数字に四角のシール（ホログラム）が、１万円札には丸いホログラムが貼られており、わずかに隆起している。このホログラムについては、気づいている生徒は少ない。自分の知っていることを追究していくと、さらに未知の世界に出くわし、この時、「もっと知りたい！」と学習意欲が湧いてくる。このような状況に生徒を誘っておいて、課題を出すのである。

【課題】≪街に出て身近にあるユニバーサルデザインをたくさん探してみよう！≫

　この課題提示の際には、ロン・メイス博士が提唱した UD ７つの原則（公平性、自由度、明確性、簡単さ、持続性、空間性、安全性）を紹介し、バリアフリーと UD の違いを学習

しておく。特に、「すべての人に使いやすいものを！」というユニバーサルデザインの思想には『心のやさしさ』が込められている。また、「障がい者や高齢者の方が安全に利用できる町づくり」をめざすバリアフリーにも『思いやりの心』がある。入り口はちがっても、この共通する『思いやり』の精神は、「すべての人を個人として尊重する」という日本国憲法第13条に通ずるものがある。

　クラスをグループに分け、協力して調べさせた。ほとんどの生徒が自転車通学なので、学校帰りに自転車を連ねて街中のUDを調べ回っていた。そのため、次の時間には、たくさんの事例が報告された。私の担当したクラスのように、日常的に、授業でもHR指導においても班活動を行っていれば、このような総合的な学習の時間の調べ学習でも、スムーズにグループワークの行動ができる。その意味では、総合的な学習の時間におけるアクティブ・ラーニングの成否は、日常の教科学習やホームルーム活動において、そのような学習に親しみ、主体的な学習姿勢が身についているかにもかかっている。また、逆に、総合的な学習の時間における主体的学習姿勢の獲得は、教科指導等におけるアクティブ・ラーニングの進展に寄与すると言ってよい。

【生徒が調べた街中のUD】

① 回数券の切り欠き　②駅構内の誘導ブロック（磁気センサーがついており、白杖の先のマグネットシートやFM小型発信機に反応して音声案内ができる）③階段の上り下りに応じてしっかりとホールドできる波型の手すり　④車椅子が通れる幅広型自動改札機　⑤ホームから改札までの全面スロープ（老人と子どもに対応し、高さの違う2段の手すりもついている）⑥車椅子に対応した高さの違う券売機　⑦駅のアナウンスが上りホームは女性、下りは男性の声　⑧券売機の横には、授乳室、FAX、コピー機を備えたサービスコーナーがある　⑨音声付き点字案内板（視覚案内・触知案内・点字案内・音声案内の選択が可能）　⑩大型エレベーター（15人用と21人用のものが並べて設置されており、車椅子の人も乗降しやすい）

　これは、UDの全国的なモデル駅として名高い阪急伊丹駅を調べてきた班の報告からの一部である。日頃何気なく利用している駅に、これだけの配慮がなされていることに、生徒たちも驚くとともに、同じ市民として誇らしげな気持ちになったことであろう。

「障がい者問題を考える」指導案（全4時間）

学習課題	時数	指導上の留意点
◇障がい者問題の基本的な知識を学ぶ。 ◇バリアフリーとUDの違いを学ぶ。 ◇阪急伊丹駅のバリアフリーについて学ぶ。 ◇身体障害者補助犬法の内容を学ぶ。	2H	◇クイズ形式で教師が障がい者問題に関する発問をし、班で相談しながら考えていく。 ◇興味が持てるようなもので比較的簡単なものから徐々に難しい問題を出す。実物教材を持ち込む。 ◇阪急伊丹駅のUDには、阪神淡路大震災で駅舎が完全に破壊され、その復興を願う住民の強い願いが込められていることに焦点を当てる。 ◇木村さんとシンシアの努力の成果を理解する。
◇街のUDの調査を行う ◇UD調査計画書を作成 ◇放課後、班ごとに調査を実施する。	1H	◇調査地点の下調べをする ◇班ごとに調査のコースを計画する。 ◇街中調査のための役割の決定 　班長・企画係・記録係・発表者等
◇発表会を行う。	1H	◇発表に向けて資料をまとめる ◇班ごとに発表 ◇取り組みの評価をする

　現代社会ではインターネットを駆使すれば、生徒でも情報はいくらでも集められる。そこで、身近なUDについて少し考えさせられるような事例を取り上げ、班討論を交えながら、教師が生徒の意識に揺さぶりをかけていくことが大切である。議論するテーマに対する生徒の認識を深めていく場合、そのテーマに応じて様々な方法がある。私の準備した方法は、主に次の3つの方法であり、それを使い分けている。以下、いくつか事例を挙げてみる。

　①教師が「語り」で訴えかけること。
　②生徒に班討論をさせながら、要所要所で、発問で介入し論点を深めていくこと。
　③自由に生徒に討論させ意見をまとめて発表させること。

【事例1】　トランプ

　各グループにトランプを数枚ずつ配り、次のように発問する。（Tは教師・Sは生徒）
T：トランプを扇型に開いた時、左利きの人が困ることは何ですか？
S：数字が隠れてしまう。（ホンマや！の声）
T：では、どうすれば、いいのでしょう？
S：カードの四隅の空白部分にも数字を入れる。（なるほど！の声）
　初めは各班とも戸惑っていたが、実物のカードを配布しているので、グループで相談して正解に至る。実物を配布したことが決め手となった。

【事例2】 不在連絡票の秘密

　クロネコヤマトの不在連絡票についている
山型の切り込みについて、「なぜこんな切込
みを入れているのか？」と発問する。これは
生徒が調べてきたカード型回数券の切り欠き
の事例と同じ理由にあたるので、思ったより
も正解が多かった。（右図の○の部分）。

　なぜ、この問いを入れたのか？これは、ク
ロネコヤマトの従業員で視覚障がい者の方が会社に提案して採用されたもので、障がいの
あるなしにかかわらず、互いに使いやすい、優しいデザインを作り上げる努力の一例とし
て紹介したかったのである。終ったあとで気が付いたのだが、「誰がこの切込みを入れる
ことを発案したのだろうか？」という発問の方がよかったように思われる。ちなみに山型
のカットは黒猫の耳のデザインである。[2]

【事例3】 教師による語り

　『いやはやスゴイ携帯の登場です！このシンプルでスタイリッシュなデザイン。このス
マートフォン（以下スマホ）は、視覚障がい者のためのスマホ「VOIM」です。作ったのは、
韓国のデザイナー。「VOIM」とは、韓国語で「見る」という意味。「VOIM」、いい名前だ。
前面はシリコンパネル、裏面にはカメラとイヤーピースのみ。このシンプルさがおしゃれ
だ！しかも、シリコンパネルには、点字を浮かび上がらせることもできる。カメラで文字
を読み込めば、その情報をイヤーピースから音声で聞ける。カメラを首からつるして歩け
ば、前方にある物体を認識して音声で知らせてくれる。思わず拍手したくなるほどのすぐ
れものだ！』

　ダウンロードしたスマホの画像を見せながら、少し練習をしておいて軽快な口調で紹介
する。プロの香具師ほどにはいかないが、時たま使うと効果がある。

　スマホが出始めた頃には、「視覚障がい者の方はスマホを使うことができない。なんと
かならないものか！」と、問題点を指摘するだけにしていたが、視覚障がい者向けのスマ
ホが開発され、年々改良が加えられているようである。ぜひ、新製品が出る度に生徒に紹
介したいと思っている。

【事例4】 シンシアの街宣言

　宝塚市に暮らすコンピュータ・プログラマーの木村佳友さんがオートバイ事故で首の骨
を骨折したのは1987年のこと。この事故で木村さんは、手も足も動かせなくなってしまっ

た。木村家に「シンシア」がやってきたのは1994年。最初はお転婆で飼ったことを後悔したという。そんなシンシアの才能が開花したのは、介助犬訓練所へ預けて訓練を受けてからであった。そして1996年7月、「介助犬」として認定された。シンシアのおかげで、木村さんの行動範囲は一気に広がったが、当時、介助犬はどこに行ってもペット扱いで、スーパー、レストラン、公共施設、交通機関などでは、ことごとく同伴を拒否されたという。そうした苦境にもめげず、木村さんが外出をやめなかったのは、「世間における介助犬の認知度を高めよう」という使命感があったからである。その地道な活動は徐々に実を結び、介助犬の話題をマスコミが取り上げるようになり、介助犬に関する講演依頼が次々と舞

シンシアの銅像

（筆者撮影）

い込むようになった。木村さんがシンシアを連れて行った講演回数は、364回にも及んだという。こうした普及活動のおかげもあり、2000年の春には、住友生命の介護保険のコマーシャルにシンシアが抜擢され、さらに同年5月、宝塚市が「シンシアの街」を宣言したことで、介助犬の知名度がさらにアップしたのであった。

　2002年5月、介助犬の重要性を理解した国が身体障害者補助犬法を成立させ、民間や公的施設における介助犬の同伴が法的に認められるようになった。宝塚市は、伊丹市の隣りの街。シンシアのことを知っている生徒も多い。JR宝塚駅の改札口の前にはシンシアを偲んで銅像が建てられている。通りがかった子どもたちがその銅像を撫でていく。シンシアの話は、地元の取り組みとして、ぜひ生徒たちに語り継いでいきたいものである。

　次に、盲導犬、介助犬、聴導犬が、それぞれ、どんな仕事しているのかをグループごとに出し合って確認し、次のような発問で、さらに補助犬への理解を深める。

　　T：盲導犬は、なぜ、ラブラドールリトリバーが多いのでしょう？
　　S：賢い。性格が穏やか。体力がある。（この意見については、ほぼ各班から出てくる。みんな、「やった！」と得意顔。そこで、さらに深く追求するために、追い打ちをかける）
　　T：各班とも、いい意見です。しかし、・・・（間をとる）・・・一番肝心なことが抜けています。何でしょう？（この間をとることで、生徒は固唾をのんで教師の口元を見つめている）
　　S：・・・（再び話し合いが始まるが、各班とも思案投げ首）・・・
　　T：じゃあ、もし盲導犬にチワワを使ったら、どんな問題が起こりますか？
　　S：視覚障がい者の人が歩きにくい。
　　T：正解！・・・理由は？・・・一言でいうと？
　　S：歩幅が合わない！

102

このように、発表の内容を深めるためには、間を取ったり、発言を促したり、短い発問を重ねたりと、教師がアイコンタクトをも駆使しながら関わりあっていくことが大切である。私は、これを「思考の手立てを与える」と呼んでいる。

次に、さらに難しい発問を投げかける。（Ｑは発問、Ａは答）
　Ｑ１．盲導犬が服を着ていることがあるが、なぜだろう？
　　Ａ　補助犬ユーザーは、周囲に迷惑をかけないように犬アレルギーの人への配慮をする。
　Ｑ２．犬より賢いのに、なぜ障がい者の介助にサルを使わないのだろう？
　　Ａ　サルは人間に近いので、同じ病気にかかることがあり、共倒れになる危険性がある
　Ｑ３．プリズンドッグって何だろう？
　　Ａ　刑務所で補助犬を育てるプログラムのこと。命あるものをケアし自己肯定感を育てることで、受刑者の再犯率が下がるという。

Ｑ１はともかく、Ｑ２、Ｑ３となると、生徒の力だけでは正解は難しい。そこで、生徒の意見が詰まった時に備えて、どういうヒントを与えるのか、その手立てをしっかりと準備しておくことが重要になるのである。

5．学びの原点を求めて──総合的な学習の時間「福祉と人権」の総括──

岡山県邑久新良田教室（1955～1987 年）は、岡山県の国立ハンセン病療養所「長島愛生園」の敷地内に開校されたハンセン病入所者のための唯一の高校であった。私が新任教師として岡山市の定時制高校に勤務していた時に、市内の３つの定時制高校と邑久高校新良田教室との生徒会交流会があり、生徒会顧問を担当していた私は、生徒を引率して参加した。島に着くと、女子高校生３人と生徒会顧問の先生が迎えてくれた。全校生数名の学校で、レクリエーションや海で泳いだ後、話し合いをもち交流を深めた。

出迎えてくれた体育の若い先生から設立当初の学校の様子を聞かせてもらった。教師は、白の予防着で全身を覆い、生徒は先生に用事があっても職員室へは入れず、呼び鈴を押して入り口のところで待っていたという。お金であれ、宿題や答案用紙であれ、生徒が触れたものは全て消毒液や消毒箱で消毒し、消毒液に浸したお札は窓ガラスに張り付けて乾かしていたという。生徒たちの強い要望があったにもかかわらず、感染の危険性があるとのことで、県教育委員会は修学旅行の実施を認めなかった。

すでに 1943 年の時点で、アメリカで特効薬が開発され治癒することが証明され、感染力も極めて弱いことが明らかになっていたにもかかわらず、生徒が自由に職員室へ入れるようになったのは 1972 年のことであり、修学旅行の許可が下りたのは、1975 年のことで

あったという。「国際らい学会」や「世界保健機構」からも厳しく批判されたにもかかわらず、日本政府が1996年まで「らい予防法」を温存してきたこと。そして、その後もハンセン病患者への支援や待遇の改善に努力をしなかったことが招いた悲劇であった。

　次に、3人の女生徒が自らの体験を話してくれた。そのうちの一人の生徒の体験談を紹介しよう。当時はまだ隔離は続いていたが随分緩やかになり、月1回は島から外出許可が認められていた。その生徒はお母さんと岡山の街へショッピングに行き、お母さんが靴を買いたいというので靴屋へ入った。靴を手に取り、ためらっていると、店員さんが「どうぞ、履いてみてください」と愛想よく声をかけてくれた。お母さんが靴を脱いで足に合わせようとすると、急に店員さんの態度が冷たくなった。お母さんがハンセン病の患者であることに気が付いたのだろう。その生徒は、いたたまれなくなり「お母さん、もうこんな店出よ！」といって腕を引っ張ったと、涙ながらに訴えた。

　40年も前に聞いたこの話は、その後ずっと、私の心の中に消えずに火を灯し続けていた。

　クラス担任をした時には、LHRで時間が余った時に、とっておきの話として取り上げていたが、「総合的な学習の時間」を好機ととらえ、「福祉と人権」のまとめとして、2時間で以下の学習と講演会を企画した。

⑴　ハンセン病に関する資料を配布し、基本的な知識を学ぶ。（1時間目）
①教師（筆者）の体験談「邑久新良田教室交流会の思い出」
②ハンセン病とは、どんな病気か…病状・感染力・特効薬の有無について
③1931年の「らい予防法」の内容・強制収容と断種・隔離政策について
④1948年の旧優生保護法の内容について
⑤ハンセン病補償法訴訟・全面勝利のニュース（2001年熊本地裁）
　グループ学習で上記の資料を読み込み、班ごとに質問を受付け、さらにいくつか発問をして内容の理解を深める。

　例えば、③に関して、「この療養所には入所規定はあるが退所規定がないのはなぜだろう？」あるいは、④については、「橋もついたし、勝訴して法的に社会復帰も実現したのに、なぜ大半の患者さんは療養所から出ていかないのだろう？」等である。

⑵　ハンセン病療養所の元入院患者による講演会（2時間目）
　2時間目は、国立ハンセン病療養所長島愛生園に入所していた元患者さんを講師としてお招きし、講演をしていただいた。曲がった指でホワイトボードに図を描き、辛かった半生を穏やかな表情で語る講師に、生徒たちは真剣に耳を傾けていた。ハンセン病と診断さ

れた時、警察官立会いの下で全身に消毒薬をかけられ、療養所へ引き立てられていった。隔離され、家族にも会えないことが一番つらかったと話されていた。本来ならば、遅くとも75年以上前に患者さんの人権の回復の取り組みが行われていなければならない問題であった。あまりにも過酷な事実に圧倒されたのか、講演が終わっても一瞬静寂が続き、感謝の拍手が続いた。

6．最後に

　本章は福祉と人権をテーマとする総合的な学習の時間の実践例である。戦争だけでなく、障がい者や感染症患者に対する差別など、いつの時代にも、人類は大きな過ちを犯してきた。新型コロナウイルスの感染の流行時にも、不当な差別が医療者や感染者に、あるいは欧米でのアジア人蔑視などが見られた。しかし、一方では、その過ちを真摯に反省し、その教訓を人類の英知として蓄積してきた人々がいる。次の世代を担う若い人たちに、その語り継がれてきた人類の英知を少しでも伝えることができれば、「総合的な学習の時間」の実践に取り組んできた一教員として本望である。

注
1) この時点で、障害ついては「障害」「障がい」「障碍」の3つの表記が使われていることを説明する。正解を求めて生徒がアクティブになっているので、真剣に聞いている。
2) クロネコヤマトの「ご不在連絡票」画像より
　https://matome.naver.jp/odai/2143222599897846801/ 2 …
　（入手日 2020-06-27）

本実践の特徴と意義　　　　　　　　　　　　　　　　永井　章夫

　2022年度の新入生から高校でスタートする新学習指導要領は「主体的、対話的で深い学び」の実現を強調している。
　必履修とされた「総合的な探究の時間」では、目標のひとつに「実社会や実生活と自己との関わりから問いを見いだし、自分で課題を立て、情報を集め、整理・分析して、まとめ・表現する」ことが掲げられている。また公民科で必履修とされた新設科目「公共」においては「現実社会の諸課題に関わる具体的な主題を設定し、他者と協議して主題を追究したり解決したりする活動」が求められている。どちらも生徒自身が生活している社会における諸課題を発見、研究することを基礎に、解決の道筋を考察していくことを求めている。時間的な制約もあるなかで、各学校では相互の関わり

を念頭においた教育課程編成が必要とされるであろう。

一方、2014年の法改正で選挙権年齢が18歳以上に引き下げられた。それにともない文科省は高校生の政治活動等について2015年10月に「今後は、高等学校等の生徒が、国家・社会の形成に主体的に参画していくことがより一層期待される」と通知した。各高校では主権者教育をどう進めていくかが重要な課題となったのである。各学校、教員間、教育委員会関係も含めた議論が行われ、ホームルーム等で政治参加の意義等をとりあげたり、実際に行われている選挙にあわせた模擬投票の実践など、生徒が主権者としての自覚を高めることができるような取り組みも進められている。

本実践は新指導要領発表以前のものではあるが、そこからは「総合的な探究」、「公共」、さらにはそれらを通じての主権者教育における「主体的、対話的で深い学び」について、多くのことを学びとることができる。

まず「すべてを生徒たちにゆだね、話合いをさせ、出された意見をまとめ上げるということではない」と一部のアクティブ・ラーニング実践が、生徒が動きさえすればよいとする傾向があることを批判し、生徒達に対して、興味づけること、考えさせること、思考のターニングポイントで刺激的な発問で生徒の認識の発展を促すこと、という教師の務め、すなわち生徒の成長をどう保障していくかという視点を実践の中心にすえている。そのうえでこの実践の2つの特徴を確認しておきたい。

第1に、地域にねざしていることである。伊丹市内を自転車で走り回った生徒たちは、駅員さん、商店街で働く人たち、福祉関係者、高齢者や障がいを持つ人びとを含めた地域の人びとといろいろと話し、そのなかで新たな気づきをし、それを教室に持って帰ったに違いない。そうした活動の前提として、生徒たちの常識（固定概念）をひっくり返すような導入の設問を準備し、ユニバーサルデザインについての様々な事例を実物で紹介することによって生徒の関心を広げていく、それを土台に生徒が地域にいきいきと飛び出していき、すべての人が一緒に生きていける地域づくりが少しずつでも進んでいることを再認識していく。そうした生徒の認識の広がりが新たな学びへとつながっていくことをみすえた指導案となっている。

第2に、テーマとしている福祉の問題について、生徒の日常生活とは必ずしも結びつかない問題、この報告ではハンセン病患者と差別の問題を取り上げている点である。生徒が直接接する課題でなくても、教師として生徒に知ってもらいたいテーマを、できることなら当事者に直接生徒が接する機会を設けて、未知の世界と自分たちの関わりを考える場をつくりだし、それによって生徒の世界を広げていく、これも教育にとって不可欠の取り組みであろう。こうした視点に立った教育課程は生徒の視野を広げ、思考の飛躍をうみだすこと、すなわち生徒の成長につながっていく。

こうした活動を土台としながら、生徒自身が自分たちと地域の課題の解決にむけた具体的な取り組み、たとえば地方議会への請願活動につないでいく実践（民主主義教育研究会編『民主主義教育21』No.17、2020年所収、林大介「18歳成人時代における『公共』と主権者教育の授業のあり方」など）も報告されているが、高校生自身が学びを通して、地域の課題を解決していく活動への意欲を高めていくことが、これからの主権者教育の一つのあり方へとつながっていくであろう。

第 12 章
防災

防災・減災　災害に強い地域コミュニティづくり
——高校生にできること——

福田　秀志

1．はじめに

　尼崎小田高等学校の普通科「看護医療・健康類型」では、2年次の学校設定科目「看護医療基礎」と「探究応用」（「総合的な学習の時間」）で地域課題を地域住民・行政等と共に考え、解決していく取り組みを行っている。

　2016年度、2017度は「防災・減災」のテーマで、2018年度からは、このテーマに加え、「病院から地域へ　在宅療養——看取り　高校生ができること」というテーマを加えた。また、2019年度からは、上記の2テーマに「商店街の活性化から子どもの居場所づくりへ」を加え、28名が3テーマに分かれて取り組んだ。

　3つのテーマに分かれて活動をしたが、3つのテーマについての基礎的な知識については全員が学校設定科目の「看護医療基礎」（2単位）の授業において学び、地域社会の課題解決のためのプロジェクトの計画・実行については、「探究応用」（「総合的な学習の時間」）（2単位）で行った。地域住民や行政、大学との協働の取り組みのため、土日・祝日や長期休業中に活動することが多い。

　ここでは、2019年度の「防災・減災　災害に強い地域コミュニティづくり—高校生にできること」について紹介する。

2．学年年間計画

	4月～7月	7月～12月	1月～3月
看護医療基礎	防災・減災についての基礎的な講義	福祉避難所・高齢者施設の訪問	
探究応用		プロジェクトの企画・運営	プロジェクトの準備
放課後等		プロジェクトの実施	プロジェクトの実施

108

3．目標

①自分と地域社会との関わりに関心を持ち、課題解決について考え、行動する。
②災害時要配慮者（高齢者や障がい者、難病患者、妊婦・乳幼児など災害時に特に配慮を要する人）の支援の大切さについて理解する。
③「災害時要配慮者」の避難の現状・課題について多面的・多角的に読み解く。
④自己理解・感情のコントロール、他者への配慮・関心・他者との協働の力をつける。
⑤プロジェクトでの役割の達成とプロジェクトへの貢献に努力する。

4．防災をテーマに設定した理由と背景

(1) なぜ防災をテーマにしたか（教材観）

　将来、看護医療職に就きたいという「看護医療・健康類型」の生徒だけに、将来の職業との関連（キャリア教育の視点）からテーマ設定を行った。

　2016 年 4 月熊本地震が起こった。その 3 月には先輩が宮城県南三陸町を訪問し、津波の被害が大きかった病院や障がい児施設、仮設住宅を訪問していたこともあり、災害時に医療・福祉職の果たす役割は大きいと考え、「防災・減災」をテーマに決めた。「防災マップづくり」「心のケア」「災害時要配慮者の支援」「防災教育の在り方」など 6 つのテーマを決め、取り組みをはじめた。

　翌年の 2017 年度は 2 つの柱を設けた。1 つは地元の県立大学大学院の協力を得て、地理的情報システム（GIS）を使用した防災マップづくりである。高校生と地元住民が一緒に街を歩き、高校生が危険な場所など住民との対話の中でスマートフォンのアプリに記録し、その住民用の「防災・絆マップ」を作成した。2 つ目の柱は、災害時要配慮者の支援活動である。看護医療・福祉職をめざす生徒にとって最も取り組まなければならない課題だという使命感からである。

　2018 年度からは、「防災・減災　災害に強い地域コミュニティづくり——高校生にできること」というテーマに決めた。本校が地域防災・減災の「HUB」となり、高校生と地域住民、地域住民同士の繋がりを築いていこうと、行政、自治会、社会福祉協議会、小学校、中学校、大学との連携を重視して学習に取り組んだ。

　2018 年度と 2019 年度は以下の 7 つの取り組みを行った。
ア：災害時要配慮者支援対策への参画。
イ：GIS（地理的情報システム）を使って、「防災・絆マップ」を作成する。
ウ：あまおだ減災フェスティバルを開催する。

エ：小学校出前授業、市民向けワークショップを実施する。

オ：自治会の防災訓練、行事（餅つき大会、夏祭りなど）への参加する。

カ：熊本県益城町の病院、高等学校、仮設住宅を訪問。駅頭で集めた募金を手渡すとともに、帰校後に被災地の実態と復興の様子を地域住民に知らせる。

キ：「災害図上訓練（DIG）」、「避難所運営ゲーム（HUG）」、「クロスロードゲーム」などを生徒と地域住民が連携して行う。

(2) 「防災」に取り組んだ看護医療・健康類型の生徒たち（生徒観）

　生徒は看護医療・健康類型を選択した生徒であり、将来、看護医療・福祉職をめざしている。この取り組みをはじめた頃は「災害時に医療・福祉職の果たす役割は大きいことから、防災・減災活動をテーマに取り組もう」と決まったものの、「防災・減災」の取り組みが「看護医療」となかなか結びつかず、モチベーションが高いとは言えなかった。

　しかし、2018年度から本校が地域の「HUB」となり、高校生と地域住民、地域住民同士の繋がりを築いていくこと、行政、自治防災組織、自治会、社会福祉協議会、小学校、中学校、大学との連携を重視していこうという方向性を打ち出したことをきっかけに生徒たちは変化していった。

　積極的に学校の外に出て、地域で生活し、活躍する大人と出会い、地域の課題と向き合い、地域の大人と協働し、解決のために動く活動を通して、課題解決のために自分たちにできることはないだろうかと考えられるようになっていった。

　2019年度は災害時に医療・福祉職として果すべき役割は大きいという使命感を持ち、特に災害時要配慮者の支援については非常に熱心に取り組んだ。

(3) 「防災」を指導する目的と方法（指導観）

　地域課題を発見し、向き合うなかで、仲間と協働しながら地域課題を解決したい、卒業後も地域に関わり続けたいと思う生徒を育てること、自分を知り、仲間を知り、仲間との協働の取り組みの中で成就感を味わい、人として成長することを目的としている。さらに詳述すれば、①地域社会やチームのために、自ら進んで動き、自らが周りを巻き込んで動こうとすること②他者の立場から物事を考えて、複数の意見をとりまとめながら物事を円滑に進めること③広い視野から物事を考え、自分と異なる意見を受け入れることができること④様々な状況に応じて創造的な解決方法を考えようとすることや⑤課題解決に向けて、努力し、内省し続けることなどである。

　それと同時に、防災・減災活動を通して、地域コミュニティづくりに参画すること、特に地域の助け合い＝「共助」の取り組みの大切さを理解すること、災害時要配慮者の現状

と課題に気づき、支援のために高校生として何ができるのか考え、実行していくことである。

　これらの力を養うために、講義だけではなく、企画・運営・実施においてもグループによる「協働学習」「ワークショップ」を中心に行い、自分の意見を主張したり、他者の意見を聴くこと、物事に主体的に関わり、協力・協働する機会を多く持つように心がけた。

5．指導上の工夫・学習成果

⑴　効果的な学習を目指して～どのような指導上の工夫を行ったのか

ア：「わかりあえない他者と対話を重ねて協働することの大切さ」は将来、医療・福祉職になった時に必要であることを伝え、「対話」を促した。

イ：レポート・感想はメールで提出してもらい、名前を入れて、次回の授業時に全員に返却し、意見・感想の共有化を図った。

ウ：代表の生徒と企画・運営の進捗状況、台本の出来具合、困ったことの相談など、きめ細かくやりとりを行った。また、その代表生徒がLINEで仲間に伝え、その共有化を図った。

エ：生徒の意見・提案を尊重しながらも、「もっとこうすればよくなるのでは」と、ことあるごとに助言を心がけた。

オ：市役所の職員、大学院生、防災士、施設職員など外部の協力を積極的に得るようにした。

⑵　学習の成果

ア：災害時要配慮者が何に困っているのかについて、理解できるようにわかりやすい台本の作成を行い、劇を上演することができた。

【劇の台本の一部】

ナレーター：75歳のひでしさんは45歳の身体障がい者・車椅子の娘みゆきさんと10階のマンションに住んでいます。～地震発生～

ひでしさん：みゆき、大丈夫か。

みゆきさん：大丈夫よ。でも、タンスや家中のものが倒れて、移動ができないわ。

ひでしさん：荷物をのけるしかないな。ドアが開いたわ。エレベーターが止まっている。津波が来るというが、みゆきの車椅子を背負って逃げるのは無理やな。

ナレーター：ひでしさん、みゆきさんは避難行動要支援者名簿に登録していましたが、

同じマンションの1階に住む民生委員は65歳の高齢者でエレベーターが止まっているなかで、助けにくることはほぼ不可能でした。

ひでしさん：ここは10階。津波が来ても大丈夫だ。水も食料も2人7日分備蓄しているし、ダンボールトイレも用意している。日頃からご近所さんと交流もあるので声をかけてくれるはずやで。落ち着いてここにいよう。

ナレーター：津波の被害もほぼなく、電気も水もないなかで2人はどうにかマンションで過ごすことができました。次の日の午後6時。……

民生委員：ピンポン。民生委員の大石です。大丈夫でしたか。遅くなり申し訳ないです。このマンションは倒壊の危険があります。すぐに避難所に避難してください。

ひでしさん：そう言われても、私も高齢ですし、娘は車椅子ですし……。エレベーターもまだ止まっていますし、下まで降りれないですよ。

民生委員：みんなでお手伝いしますので、移動しましょう。

ナレーター：3、4人が車椅子を背負い移動。支援者も高齢者ばかりだったので1時間以上もかかりました。道路のデコボコで車椅子をうまく押すことができずに、500メートル先の避難所まで1時間かかりました。体育館は2階、車椅子を運ぶのにまた10分かかり、落ち着いたのは午後8時を大きくこえていました。

ひでしさん：多くの人が避難しているなあ！冷たいおにぎりだけでは身体が暖まらんな。こんな寒い体育館で眠れるんかな？

みゆきさん：トイレは1階、多くの人に協力してもらわないといけないし。水も食べ物も控え、トイレの回数を減らさないと。

ひでしさん：ダンボールベッド、ダンボールトイレがあればなあ！

ひでしさん：ああ、朝か！！ほとんど眠れなかったわ。あ、薬を飲むのを忘れていたわ。薬もあと1週間分しかないし、病院はどうなっているんかな？不安やなあ。

みゆきさん：お父さん、、顔、赤いで。！！大丈夫？　熱がありそうやで。

ひでしさん：少し、熱っぽいけど、寝不足だけやわ。大丈夫やわ。ああ、苦しい！

みゆきさん：お父さん、大丈夫！！救急車を呼んでください。

ナレーター：冷たい床の上に毛布一枚で過ごすことのストレスや集団生活の中での睡眠不足、おにぎりやパン中心の食事は食べられない、トイレを心配して水分を控えているうちに体調を崩した、こうした事例が多く報告されています。特に高齢者は体力も弱く、最悪の場合、せっかく命が助かったにもかかわらず、避難所において命をなくすことも多く、「災害関連死」と呼ばれています。ひでしさんは、床に直接に寝たために塵やほこりを吸い込んで肺炎が発症し、7日後に残念ながら亡くなってしまいました。……医師や災害の専門家で作る避難所・避難生活学会が、

「TKB」＝トイレ、キッチン、ベッドの改善を求めています。災害時要配慮者だけではなく、すべての人が安心した避難所生活を送れるようにしなければなりません。災害についての考え方では、『スフィア基準』というものがあり、災害時でも、個々人に対して一定の面積、スペース、プライバシーの確保、睡眠できる環境、そうしたものを整えましょうという考え方です。日本はこの基準がまだ満たされていないのが現状です。このような基準を準備するのは「公助」の役割だと言えます。

イ：生徒がどのように成長したか、地域との連携で生まれたものなど、生徒の感想からその成果を垣間見ることができる。

辛い出来事や困っていることを自分ごとのように

　『東日本大震災が起きた時は小学校２年生で、テレビで見て「かわいそう」「自分自身には関係ない」と思っていた。しかし、講義やワークショップを通して、興味を持って調べたり、理解しようと自分なりに向き合うことが「他人事から自分事へ」と変化する第一歩だということがわかった。……大切なのは「自助」と「共助」とその間の「互近助」だと言える。個人の力にも限界がある。だから、顔の見える隣人同士で助け合うしかない。そこで、地域住民同士の繋がりをつくり、災害時要配慮者について地域住民に知ってもらいたいと思い、「あまおだ防災フェスティバル」の企画と「防災劇の台本作成」に全力で取り組んだ。台本をつくる中で、災害時要配慮者が体験した辛い出来事や困っていることを自分事のように捉え、他人事にはできないと思うようになった。災害時要配慮者の現状と課題を知らせるために必死で取り組むことができた。』

　『……民生委員との災害時要配慮者の安否確認に参加する中で災害時要配慮者が４階に住んでいる事実を知った。その現状を知った時「避難時、逃げ遅れるのではないか」と思った。災害時要配慮者の方がどこに住み、どのような不自由な生活をしているのか、地域の人が理解すべきだと思った。……今まで「他人事」として捉えていたが、自分が発信したいと思うようになった……災害時要配慮者という存在を地域住民に知ってもらうために、ラジオに出演し、減災劇で訴えた。活動の中でやはり南海トラフ巨大地震が話題になることが多くあった。南海トラフ巨大地震と災害時要配慮者の支援を結びつけ、身近な内容にすればさらに多くの人に興味をもってもらえるのではないか感じた。』

　『活動の中で大切にしてきたことは「自分に関係がないから」ではなく、「どのように自分が関わることができるのか」と考えたことだ。災害時要配慮者について高校生にできることは数少ないが、高校生だからこそできることはあるのだと活動を通して学ぶことができた。』

他者からもらう意見、それに応える力の大切さ

　『地域の防災訓練にも積極的に参加し、平時の地域住民同士の関わり・信頼関係の大切さや地域の現状・課題を考えるきっかけになった。……この活動で大切にしたことは対話をすること、他人の意見を尊重し、自分の意見もしっかりと伝えることだ。班で活動するということは様々な意見をもらえる場であり、班に貢献する力が身につき、他者を頼ることの大切さを学ぶことができる場であった。私は普段から人に頼る事ができず、一人で何もできない自分を責める、そんな状況が日常であった。しかし、防災劇の練習やワークショップなどを通して他者からもらう意見の大切さ、それに応える力がとても大切だと感じることができた。』

　『約1年間学んできた事を劇の中で、役を理解し、感情を込めながら演じる事はすごく難しかった。劇のシナリオから演出まで、膨大な時間であった。不安もある中で何度も練習した成果を発表する事ができたと思う。本番前にも声を掛け合う事ができ、舞台上での問題にも即座に対応でき、何よりも全員が一生懸命に最後まで取り組めたのが嬉しかった。』

　『人はそれぞれ考え方や感じ方は違うのは当たり前で、価値観が違うのも当たり前だ。しかし、この活動を通して、正直「え？なんで？」と思うことも多くあった。しかし、そんな考え方もあるんだと理解することができ、今まで適当に考え、進んできた自分が変わることができたのではないかと感じる。最初は口だけで行動しなかったが、次第に活動に参加したい、貢献したいという気持ちも大きくなり、参加することが楽しみになった。それは、班員同士がお互いに個性を受け止められる人間関係にまで築き上げることができたからだと思う。……ポスターセッションやワークショップなど数多くの活動を行い、人前で話すことが楽しくなり、人と関わることが好きになって、知らない人の前で話すことが苦手だった私がそれを克服できた。』

「地域のつながり」や「対話」がどれだけ大切かを知る

　『……災害時要配慮者の災害時の死亡率が高いこと、受け入れてくれる避難所が少ないこと、名簿が適切に活用されていないことなど、たくさんの課題があることを学んだ。そのなかで私たちは、「災害時要配慮者のことを理解している人が少ないことが問題ではないのか」と思い、防災劇やラジオ出演などを行なった。しかし、福祉避難所を増やすことは行政の力が大きいと痛感することも多く、無力さを感じることもあった。私たちにできないが行政にできることがあるのなら、行政にできないが、私たちにできることはないのかと考え、地域コミュニティを活性化することだと思うようになった。地域住民と交流する中でもっと活動をしたいと思うようになった。将来高齢者になった時や障がいを持つようになった時に、地域のつながりがないと災害時に誰も助けてくれないのではと不安にな

ると思う。市内の福祉避難所の数も増えたが、まだまだ課題は多くある。今後は、災害時要配慮者の理解を広める活動に加え、さらに地域との関わりの強化にも取り組んでいきたいと思う。』

『それぞれが自分に任された役を理解し、また全員が役の完成度を高めるために改善点などを話し合った。私は聴覚障がい者役だったが、改めて聴覚障がい者について知ることができた。リハーサルで「声と手がずれている、はやい」という指摘を受け、改善した。指摘を受ける前はただ聴覚障がい者を演じているだけだった。指摘を受け、改めて「伝える」ということの大切さを理解し、災害時要配慮者のことを知ってもらおうと心がけるようになった。』

『私なりにチームに役立つためにパワーポイントの作成、劇の裏方、ポスティング、防災フェスの運営にまわった。……この1年間、自分で考え、行動することが多かった。劇の宣伝のポスティングや裏方・運営をすることで役に立てる嬉しさを知るなど、どんな小さなことでも得られるものがあると実感した。また、一緒に頑張る仲間の姿も自分の励みになった。私の周りには様々な人がいて、それぞれが良い所を持っている。もちろん対立することもあったが、「対話」がどれだけ大切なのか知ることができた。』

テーマ指導計画　全35時間
【看護医療基礎】13時間

単元名	時数	主な学習活動	指導上の留意点	評価方法
「防災・減災の基礎を学ぶ」・先輩たちの活動を知る。	2	・講義「2016年度からの先輩たちの取り組みについて」（授業者 4.22）		レポート
・防災・減災の基礎知識を得る。自助・共助・公助の内容を知る。	3	・「自然災害の基礎知識、自助・共助・公助の取り組み」（防災士、4.25）	・人と防災未来センターでの学びを確認させる。地域のハザードについて詳細に学ばせる。	レポート
・災害時要配慮者、避難行動要支援者、福祉避難所について市の現状を知る。	2	・講義「災害時要配慮者の支援について」（市役所職員、5.13）	・特に平時からの災害時要配慮者の対策について詳細に学ばせる。	レポート
・地域コミュニティづくりの大切さを知る。GIS（地理的情報システム）について知る。	3	・講義「平時からの地域コミュニティづくりの大切さ」（大学教員、5.23）	・地域コミュニティ、共助の大切さについて具体的な取り組み事例から学ばせる。	レポート

	3	・避難訓練参加「福祉避難所指定の高齢者施設での津波避難訓練」（11.28）	・車椅子でのスロープを使用した垂直避難を実際に行わせる。福祉避難所での取り組みを学ばせる。	レポート
・福祉避難所としての取り組みの現状と課題を知る。車椅子高齢者の垂直避難を考える。				

【探究応用「総合的な学習の時間」22 時間】

単元名	時数	主な学習活動	指導上の留意点	評価方法
「災害時要配慮者支援」について、市民に伝えよう。	12	①ラジオ出演のためのシナリオ作成・練習 ②劇の台本作成・練習 ③カレンダーの作成・配付	・具体的な内容、役割分担などは十分な「話し合い」「対話」によって決めていくことを告げる。 ・仲間との協働、役割の責任などの大切さを伝える。	3000 字レポートの提出
・「あまおだ減災フェスティバル」を成功させよう	7	・「あまおだ減災フェスティバル」の開催に向けて、チラシ作成、イベント内容の検討、他団体への呼びかけ、当日の企画・運営計画。	・実施日は休日であるが、参加してほしい旨、告げる。 ・具体的な内容、役割分担などは十分な「話し合い」「対話」によって決めていくことを告げる。 ・仲間との協働、役割の責任などの大切さを伝える。	レポート
・「学んできた防災・減災の実用的知識」を伝えよう。	3	・小学校への防災出前授業の企画・運営、準備（段ボールベッドの作成・使用法、三角巾の使用法、毛布担架の組み立て・使用法、ロープワーク、キッチンペーパーマスク作り、段ボールトイレの作成・使用法等）	・簡単な冊子を作成し、わかりやすい言葉で説明させる。 ・小学生はここで学んだことを阪神淡路大震災の1月17日に保護者に教える旨を伝え、わかりやすく身につくように伝える工夫を呼びかける。	レポート

【放課後、休日・休業日の活動】

7 月～ 12 月	1 月～ 3 月
・「人と防災未来センター」訪問（春季休業中、4 月） ・県教育委員会主催の「防災ジュニアリーダー合宿」、「東北被災地訪問」に代表が参加（7.22 ～ 24、8.4 ～ 7） ・「あまおだ減災フェスティバル」の実施（11.9） ・地元自治会、高齢者施設の防災訓練に参加（10.20、10.26、10.27、11.23） ・地域住民や他校生徒に対して災害時要配慮者支援について知らせる活動（8.3、9.1、11.23）（10.27、11.16、12.21、12.22、1.15、1.21、2.1） ・自然災害募金活動（4.2、7.8、10.30、12.17） ・FM 尼崎ラジオに出演（12.16）	・防災劇の上演（1.25）[1] ・地域住民や他校生徒に対して災害時要配慮者支援について知らせる活動（2.8） ・カレンダー住民配付（3 月） ・防災劇の上演（3.7 中止） ・熊本被災地訪問（3.15 ～ 18 中止） ※コロナウイルスによる緊急事態宣言のため、最後の行事ができずに終った。

注

1) 看護医療・健康類型の1年間の取り組みの報告会。保護者や地域住民、中学生や関係機関に案内を出している。「防災・減災班」だけの報告ではなく、「看取り班」・「子ども班」、健康類型も報告を行う。

本実践の特徴と意義
佐藤　光友

　高等学校普通科「看護医療・健康類型」での、2年次の「看護医療基礎」と「探究応用」（「総合的な学習の時間」）「防災・減災」という教科横断的な科目であり、「病院から地域へ　在宅療養——看取り　高校生ができること」というテーマなど、28名が3つのテーマに分かれ積極的に活動し充実した実践内容となっている。

　この学習において、6つの目標が設定されているが、その内容と、高等学校学習指導要領（平成30年告示）解説「総合的な探究の時間編」との対応から捉えられる。ここでの実践は「総合的な学習の時間」を活用したものではあるが、これからの「総合的な探究の時間」を見据えた取り組みになっていると言えよう。すなわち、「総合的な探究の時間」では、「よりよく課題を解決し、自己の生き方を考えていく」といった「総合的な学習の時間」の取り組みから一歩進んで、「自己の在り方生き方を考えながら、よりよく課題を発見し解決していく」自己の在り方生き方と切り離すことのできない課題を見つけていく、それをどのように解決していくのかが大切となる。「自分と地域社会との関わりに関心を持ち、課題解決について考え、行動する。」では、自己の生き方が地域社会と密接に連関していることが生徒たちには意識されるだろうし、「災害時要配慮者（高齢者や障がい者、難病患者、妊婦・乳幼児など災害時に特に配慮を要する人）の支援の大切さについて理解する。」では、自己の立場以外の様々な人たちの立場を考慮して行動できることが生徒たちに求められる。「『災害時要配慮者』の避難の現状・課題について多面的・多角的に読み解く。」では、それまで生徒が一面的な捉え方しかできなかったことが、より視野の広い視点から事柄を捉え直すことができるようになる要素がある。このことは、高等学校学習指導要領（平成30年告示）解説「総合的な探究の時間編」との相関で捉えるならば、探究の過程が高度化（幅広い可能性を視野に入れながら探究しているという、広角性）ということに繋がるであろう。「自己理解・感情のコントロール、他者への配慮・関心・他者との協働の力をつける。」このことは、自己自身を制御しながら、他者・共同体との協働的な力を育むことに繋がる目標と言えよう。「プロジェクトでの役割の達成とプロジェクトへの貢献に努力する。」にあるように、一つのプロジェクトを達成した時の喜びが次のステップへの原動力にもなり得る。テーマ設定の理由・背景（教材観・生徒観・

指導観）についての記述では、「地元の県立大学大学院の協力を得て、地理的情報システム（GIS）を使用した防災マップづくり」において、高大連携の取り組みにもみられるものであり、高校生自身の地理的能力の向上にも関連すると思われる。高等学校学習指導要領（平成30年告示）解説「総合的な探究の時間編」の「外部との連携の構築」においても、「チームとしての学校」の実現に向けての取り組みが重視されている。このことはこの指導観（「協働学習」「ワークショップ」を中心とした実践を通じて、自分の考えをもって他者の意見を受け入れていく、そして物事に主体的に取り組んでいこうとする）ということにも反映している。これからのさらなる授業実践の展開に大いに期待してみたい。

参考文献一覧

【本書全般】

田村学編著『平成 29 年版小学校新学習指導要領の展開 総合的な学習編』明治図書（2017）.

田村学編著『平成 29 年版中学校新学習指導要領の展開 総合的な学習編』明治図書（2017）.

文部科学省『小学校学習指導要領（平成 29 年告示）解説 総則編』東洋館出版社（2018）.

文部科学省『中学校学習指導要領（平成 29 年告示）解説 総則編』東山書房（2018）.

文部科学省『小学校学習指導要領（平成 29 年告示）解説 総合的な学習の時間編』東洋館出版社（2018）.

文部科学省『中学校学習指導要領（平成 29 年告示）解説 総合的な学習の時間編』東山書房（2018）.

文部科学省『高等学校学習指導要領（平成 30 年告示）解説 総則編』東洋館出版社（2019）.

文部科学省『高等学校学習指導要領（平成 30 年告示）解説 総合的な探究の時間編』学校図書（2019）.

【2 章】

大杉昭英『中央教育審議会答申 全文と読み解き解説』明治図書（2017）.

無藤隆ほか編『中教審答申解説 2017「社会に開かれた教育課程」で育む資質・能力』ぎょうせい（2017）.

大津尚志ほか編著『新版 教育課程論のフロンティア』晃洋書房（2018）.

佐藤光友・奥野浩之編著『考えを深めるための教育原理』ミネルヴァ書房（2020）.

【7 章】

第 15 期中央教育審議会「第一次答申『21 世紀を展望した我が国の教育の在り方について』平成 8 年」（https://www.mext.go.jp/b_menu/shingi/chuuou/toushin/960701.htm）.

京都教育大学附属桃山中学校『研究論集 1997』（1997）.

京都教育大学附属桃山中学校『研究論集 1999』（1998）.

京都教育大学附属桃山中学校『総合的な学習の時間 MET の実践』黎明書房（2000）.

京都教育大学附属桃山中学校『附属桃山中学校の総合的な学習の時間 MET 学習のまとめ』（2012）.

【8 章】

松下佳代『対話型論証による学びのデザイン—学校で身につけてほしいたった 1 つのこと—』勁草書房（2021）.

福澤一吉『新版議論のレッスン』NHK 出版新書（2018）.

【9 章】

京都市学校歴史博物館編『学びやタイムスリップ 近代京都の学校史・美術史』京都新聞出版センター（2016）.

【10 章】

国立教育政策研究所生徒指導・進路指導研究センター「平成 30 年度職場体験・インターンシップ実施状況等結果（概要）」国立教育政策研究所. https://www.nier.go.jp/shido/centerhp/i-ship/h30i-ship.pdf,（入手日 2020-07-20）.

【11 章】

木村佳友・毎日新聞阪神支局取材班『介助犬シンシア』新潮文庫（2000）.

執筆者一覧

（執筆順・2021 年 3 月末日時点）

長谷川精一　相愛大学教授

奥村　旅人　びわこ成蹊スポーツ大学講師

奥野　浩之　同志社大学准教授

吉田　卓司　藍野大学准教授

沼田　　潤　相愛大学准教授

引山　大士　高槻市立大冠小学校主幹教諭

福澤　隆治　元高槻市立大冠小学校校長

井上　美鈴　京都教育大学附属桃山小学校教諭

池田　恭浩　京都先端科学大学准教授

溝部　卓司　京都教育大学附属桃山中学校教諭

田中　曜次　京都教育大学大学院准教授

田華　　茂　京都市立下京中学校教諭

和崎光太郎　浜松学院大学短期大学部准教授

菊井　雅志　京都府教育庁指導部学校教育課 指導主事

栗山　和大　京都府教育庁指導部学校教育課 課長

月見　茂雄　藍野高等学校教諭

平山　朋子　藍野大学准教授

本田　寛人　藍野大学講師

兼清　健志　びわこリハビリ専門職大学准教授

志熊　博忠　藍野高等学校校長

杉山　　雅　森ノ宮医療大学非常勤講師

永井　章夫　甲南女子大学、伊丹市立伊丹高等学校非常勤講師

福田　秀志　兵庫県立尼崎小田高等学校主幹教諭

佐藤　光友　同志社女子大学特任教授

総合的な学習／探究の時間の実践研究

2021（令和 3 ）年 3 月 31 日　初版第一刷　発行

編　者　吉田卓司・長谷川精一・奥野浩之
発行所　株式会社　渓水社
　　　　広島市中区小町 1-4 （〒 730-0041）
　　　　電話 082-246-7909　FAX 082-246-7876
　　　　e-mail: info@keisui.co.jp
　　　　URL: www.keisui.co.jp

ISBN978-4-86327-552-2 C1037